面向社会化推荐的托攻击及检测研究

Shilling Attacks and Detection in Social Recommender Systems

高 旻 李文涛 著

科 学 出 版 社

北 京

内 容 简 介

社会化推荐利用社交关系缓解基于评分驱动的推荐系统中存在的稀疏性与冷启动等问题，然而推荐系统开放性的特点使其易受托攻击的严重影响。托攻击者通过注入虚假信息操纵推荐结果，影响推荐系统的公正性。针对此问题，本书完成四方面工作：一是分析社会化推荐中可能的托攻击形式，提出托攻击模型；二是在检测注入评分的攻击时，从选择行为分析入手，提出基于流行度的分类特征；三是在检测注入关系的攻击者时，使用基于拉普拉斯的特征提取方法，对用户的高维特征进行无监督提取；四是在评分与关系特征上分别训练分类器，基于半监督协同训练实现社会化推荐中的托攻击检测。

本书适合作为相关专业研究生、本科生及业界人员的参考书。

图书在版编目 (CIP) 数据

面向社会化推荐的托攻击及检测研究/高旻，李文涛著. —北京：科学出版社，2016.11
ISBN 978-7-03-050336-7

Ⅰ．①面… Ⅱ．①高…②李… Ⅲ．①电子商务－商业管理 Ⅳ．①F713.36

中国版本图书馆 CIP 数据核字 (2016) 第 257105 号

责任编辑：阚　瑞 / 责任校对：桂伟利
责任印制：张　倩 / 封面设计：迷底书装

科 学 出 版 社 出版
北京东黄城根北街 16 号
邮政编码：100717
http://www.sciencep.com

北京盛通印刷股份有限公司 印刷
科学出版社发行　各地新华书店经销

*

2016 年 12 月第 一 版　开本：720×1 000　1/16
2016 年 12 月第一次印刷　印张：7 1/2
字数：153 000

定价：**45.00 元**

（如有印装质量问题，我社负责调换）

前　　言

随着电子商务零售业的迅猛发展和社交网络营销的兴起，以用户间社交关系作为额外输入的社会化推荐系统成为新的研究方向。社会化推荐系统基于社交关系体现用户间相似性这一假设，对解决传统推荐系统中存在的冷启动问题和提高推荐结果的准确性具有重要作用。但社会化推荐系统天然开放性的特点，使其容易受到托攻击者注入虚假欺骗信息（虚假评分或虚假关系等）的影响。此类攻击称为"托攻击"，托攻击严重影响了推荐结果的公正性和真实性，降低了用户对系统的信任度。

社会化推荐系统可以看成传统推荐系统与在线社交网络结合的产物。现有研究大多关注评分驱动的推荐系统或关系驱动的社交网络中托攻击的检测问题，而较少关注同时受评分和关系驱动的社会化推荐系统可能受到的攻击形式与检测手段。针对现有研究的不足，本书首先对社会化推荐系统中的托攻击者的行为方式进行建模，然后提出用于检测推荐系统与社交网络中虚假欺骗信息的特征提取方法，进而得到社会化推荐系统中的托攻击检测技术。本书分别从以下几个方面展开研究。

（1）构建面向社会化推荐系统的托攻击模型，并从攻击成本与攻击效果角度对所提模型进行分析。托攻击模型是托攻击者向系统注入虚假用户概貌的手段。通过分析现有社会化推荐技术的工作原理，归纳出托攻击者可能的攻击形式，从而提出托攻击模型。然后分析攻击模型对推荐结果的影响，得到所提托攻击模型对社会化推荐系统的攻击效果。

（2）针对评分驱动的推荐系统中的托攻击问题，提出一种基于流行度分类特征的托攻击检测方法。推荐系统中托攻击者通过注入虚假评分影响推荐结果，传统方法大多从托攻击者的评分方式入手，此类方法难以对新形式攻击进行检测。为了解决这个问题，从托攻击者与正常用户不同的项目选择行为入手，分析用户概貌中项目流行度分布存在的差异，得到用于检测推荐系统托攻击的特征提取方法，最后结合分类器对推荐系统中的托攻击进行检测。

（3）针对关系驱动的社交网络中的托攻击问题，提出一种基于拉普拉斯得分的托攻击检测方法。社交网络中托攻击者通过注入虚假关系提升自己的影响力，从而达到传播虚假信息的目的。现有方法在训练模型时使用的特征维度较高，造成检测准确性不足。为了解决这个问题，提出无监督的特征选择方法，该方法通过拉普拉斯得分衡量特征的局部信息保持能力，以进行特征选择。在此基础上，结合半监督学习方法对社交网络中的托攻击进行检测。

（4）面向社会化推荐系统中的托攻击检测问题，提出一种基于半监督协同训练的社会化推荐系统托攻击检测方法。社会化推荐系统中的用户包括评分特征与关系特征，因此可以利用推荐系统与社交网络中检测托攻击的特征提取方法，得到用户评分视图与关系视图的特征。同时考虑到系统中标签不足的问题，将半监督协同训练算法用于模型构建，在两个独立的特征子图上分别训练分类器，从而对社会化推荐系统中的托攻击进行检测。

本书受国家自然科学基金"基于用户可信度的抗托攻击协同过滤推荐机理研究"（项目编号：71102065）、重庆市前沿与应用基础研究计划"基于多维社交关系挖掘的抗干扰社会化推荐研究"（项目编号：CSTS2015JCYJA40049）、中国博士后基金"基于虚假用户群体特征的抗托攻击协同过滤关键技术研究"（项目编号：2012M521680）、中央高校基金"多视图协同训练的托攻击检测研究"（项目编号：106112014CDJZR095502）等项目的资助，在此表示感谢。

限于本书作者的学识水平，书中不足之处在所难免，恳请读者批评指正。

作　者

2016 年 6 月于重庆大学

目　　录

第1章 绪 论

1.1 研究背景及意义

随着 Web 2.0 时代的到来，用户在获得海量信息的同时[1]，也面临着"信息过载"问题[2]。个性化推荐系统通过向用户推送个性化的信息，能够缓解信息过载问题，从而在各大电子商务站点中得到广泛的应用[3]，如亚马逊 2006 年的销售报表显示其 35%的销售额来自于推荐系统[4]，京东 2015 年的总订单中推荐系统贡献占比约为 13%[5]。推荐系统根据用户的购买记录向用户推送感兴趣的信息。推荐系统在帮助用户获得良好购物体验的同时，也能够提高企业的销售额，实现用户与企业的共赢[6]。

近年来，在线社交网络得到飞速发展，社交网络站点如 Twitter 和 Facebook 等已经成为通信与信息传播的重要平台[7]。这些网站具有的开放性、及时性等特点使其拥有大量的用户[8]。据报道 2015 年 Facebook 的月平均活跃用户人数为 15.9 亿[9]，Twitter 的月平均活跃用户人数为 3.05 亿[10]，截至 2015 年 9 月，新浪微博的月活跃人数为 2.22 亿，且用户群体逐渐稳定并保持持续增长[11]。

电子商务零售业的迅猛发展和结合社交网络的社会营销的兴起，使得社会化推荐成为研究热点[12]。社会化推荐系统在电子商务领域特指以社交关系作为额外输入的推荐技术[13]。社会化推荐基于有社交关系的用户具有相似性这个基本假设[14]，利用与人们息息相关的社交关系将信息推送至兴趣群体，以提高商品的销售和提高用户的购物满意度。近年来，Facebook 和 Twitter 等社交网站尝试在站内进行购物尝试，在特定场景为用户推荐商品[15]；亚马逊、eBay、淘宝等也在与社交网络等社会媒体合作或收购社交电商以开展商品社交推荐[16]。

社会化推荐利用社交关系揭示用户的购物喜好，对解决推荐系统中的冷启动问题和提高推荐的准确性具有重要作用[17]。为了以示区分，本书把未使用社交关系产生推荐的传统推荐系统称为评分驱动的推荐系统或简记为推荐系统，而同时利用评分与关系的推荐系统称为社会化推荐系统。

由于社会化推荐系统天然开放性的特点并且同时受到评分与关系驱动，所以社会化推荐系统容易遭受两方面的攻击：①虚假评分攻击，由于推荐结果的产生依赖于用户对项目的评分，所以托攻击者注入虚假评分可以使得目标项目的推荐可能性提高或者降低[18]；②虚假关系攻击，由于社会化关系的建立成本较低，托攻击者可以注入虚假用户并建立用户关系，对推荐进行干扰，从而提高商品被推荐的概率[19]。

这些攻击统称为"托攻击"，即托攻击者注入虚假欺骗信息达到影响推荐结果，获取不良经济利益的目的。托攻击问题严重影响了推荐的公正性和真实性，并降低了用户对系统的信任度。

现有托攻击研究大多分别检测虚假评分与虚假关系，如评分驱动的推荐系统中攻击概貌的检测[18]或社交网络中垃圾用户的检测[19]等。然而，社会化推荐系统同时受到评分与关系驱动，所以虚假评分与虚假关系对社会化推荐系统的正常运行均可能带来潜在的安全隐患。托攻击的存在可能造成推荐结果被人为操纵，进而导致用户的购物满意度降低，商家的经济利益受到侵害，因此亟须开展社会化推荐系统托攻击检测研究。

针对现有研究的不足，本书着重讨论社会化推荐托攻击问题，并主要回答如下两个问题：①社会化推荐系统是否容易受到托攻击的影响；②社会化推荐系统中的托攻击是否能够检测。为此，本书通过社会化推荐系统中托攻击用户行为建模、用于检测虚假信息的特征提取方法以及面向社会化推荐的托攻击检测算法三个方面进行研究。

本书的研究在理论上能够为相关的托攻击检测研究提供基础，使得更多研究者关注此类托攻击问题；在实践中能够作用于现有的社会化推荐系统，用于维护社会化推荐系统的推荐结果公平性。

1.2 研 究 现 状

1.2.1 社会化推荐系统研究现状

个性化推荐系统的概念在 20 世纪 90 年代提出[20]，其中代表性的工作是 GroupLens 项目组于 1994 年建立的文章推荐系统[21]以及于 1997 年建立的 MovieLens 电影推荐系统[22]。自此，越来越多的研究者关注个性化推荐系统。

根据推荐系统使用的算法不同，可分为三类[23]。

（1）基于内容的推荐（content-based recommendations）[24]。基于内容的推荐技术根据用户已购项目的内容信息与目标项目的内容信息之间的相似度关系产生推荐。该方法的思想源于信息检索中的关键词搜索技术，能够利用该用户的历史记录产生推荐结果，但是对电影等难以进行特征表达的商品难以产生推荐结果。

（2）协同过滤推荐（collaborative filter recommendations）[25]。协同过滤是实际中广泛应用的个性化推荐技术。协同过滤技术首先通过计算评分相似度查找目标用户的近邻用户，然后综合近邻用户对商品的评分信息得到目标用户对商品的预测评分。根据推荐机制的不同，协同过滤包括基于存储的（memory-based）的和基于模型的（model-based）两类推荐算法。基于存储的协同过滤预先计算所有用户（项目）之间的相似度然后产生推荐，而基于模型的算法则训练一个模型对未知评分进行预测。协同过滤推荐算法的主要缺陷在于容易面临稀疏性、冷启动与托攻击等问题。

（3）混合推荐（hybrid approaches）[26]。

以上各类算法在实际中会有自己的缺陷，因此有研究者提出在实际中把不同种类的算法进行结合，从而利用各种算法的优势，以提高推荐的准确性。

随着在线社交网络的兴起，以社交关系作为额外输入的社会化推荐系统成为研究的热点。社会化推荐系统利用社交关系改善推荐结果，能够解决评分驱动的推荐系统面临的问题，同时能够提高推荐的准确性。

主流的社会化推荐大多以协同过滤算法作为基本模型，按照协同过滤算法的分类方式，社会化推荐也可分为两类。

（1）基于存储的社会化推荐。这种方法的核心在于近邻用户的计算，如Golbeck[27]根据目标用户到所有用户的最短路径长度逐级进行信任度计算，并将信任度大于阈值的用户作为目标用户的社交近邻；周超等[28]在对信任关系强度和用户购物兴趣进行建模的基础上，识别出与目标用户有共同爱好的朋友作为近邻用户以产生推荐。

（2）基于模型的社会化推荐。该方法以基于模型的协同过滤为基础，并将社交关系融入其中，如 Ma 等[29]提出概率矩阵分解模型，从而将用户之间的关系体现到用户购物喜好上，得到社会信任集成的方法；胡祥等[30]采用流形排序方法度量用户间的社会相似度，然后利用正则化技术将社交关系融入到矩阵分解模型中；此外还有一些基于张量分解模型和多维信任关系模型的社会化推荐技术等[31]。

1.2.2　评分驱动的推荐系统中托攻击检测研究现状

在评分驱动的推荐系统中，托攻击者通过注入虚假评分构建攻击概貌，以便伪装成正常用户。现有研究者对常见的托攻击形式进行归纳，得到推荐系统中的托攻击模型，并分析了这些模型对推荐系统的影响。在面向评分的推荐系统中，随机攻击、均值攻击[32]、流行攻击和段攻击[33]等是几种基础的攻击模型，后续又有研究者[34,35]提出爱憎攻击、逆流行攻击、探测攻击和混淆攻击，用于构造攻击概貌。

托攻击者采用托攻击模型构建攻击概貌，托攻击检测的目的就是检测出托攻击者注入的攻击概貌。根据使用标签信息的不同，评分驱动的推荐系统中托攻击检测可以分为有监督、无监督和半监督等检测方法。

（1）有监督的方法主要通过探寻用户概貌的特征以进行托攻击检测，如Chirita 等[36]最早提出平均误差值（Rating Deviation from Mean Agreement，RDMA）和平均相似度（Degree of Similarity，DegSim）用于区分正常用户概貌与攻击概貌。后来 Mobasher 等[37]在 RMDA 特征的基础上提出加权评分偏离度（Weighted Degree of Agreement，WDA）和过滤平均目标偏差（Filter Mean Target Difference，FMTD），以解决小规模段攻击难以检测的问题。

（2）无监督的托攻击检测方法主要通过对两类用户的概貌特征进行聚类实现托攻击检测，典型的方法包括基于概率潜在语义分析（Probabilistic Latent Semantic Analysis，PLSA）和主成分分析变量选择（Variable-Selection Using Principal Component Analysis，VarSelect-PCA）的方法[38,39]、利用协同谱聚类在用户和项目两个视图上同时聚类的方法[40]等。

（3）基于半监督的托攻击检测方法同时利用有标签样本与无标签样本训练分类器，如 Cao 等[41,42]提出首先训练一个初始朴素贝叶斯分类器，使用最大期望（Expectation Maximization，EM）算法对参数进行求解，然后利用初始分类器预测样本的标签，将最可能标记正确的样本加入有标签的样本训练集中训练新的分类器，迭代多次直到达到一定的停止条件。

1.2.3　关系驱动的社交网络中托攻击检测研究现状

近年来，社交网络中的托攻击检测问题也获得了广泛关注。在社交网络中

"托"又称为"水军"[19]，即托攻击者注入虚假用户并与正常用户建立社交关系以达到发布不良信息、传播广告信息等目的。

根据使用标签数据的多少，社交网络托攻击检测也可以分为有监督、无监督和半监督的检测方法。

（1）有监督的检测方法通过提取社交网络中用户的各种特征训练分类模型，例如，从用户注册信息、用户发布内容等信息中抽取特征构建分类器[43]，针对基于诱捕系统抓取行为特征的检测方法[44]等。

（2）无监督的检测方法主要利用社交网络的拓扑关系结合聚类方法，从而识别网络中的异常点，如利用文本和统一资源定位符（Uniform Resource Locator，URL）相似度对帖子进行聚类的检测方法[45]。

（3）半监督的检测方法同时利用有标签数据与无标签数据对用户数据进行分类，如 Li 等[46]提出一种结合信任传播的半监督检测框架，以对社交网络中的虚假用户进行检测。

1.3 研究内容和目的

1.3.1 研究内容

本书面向社会化推荐系统的托攻击模型与检测技术展开研究，并从社会化推荐系统中的托攻击建模、基于流行度的推荐系统托攻击检测、基于拉普拉斯得分的社交网络托攻击检测和基于半监督协同训练的社会化推荐系统托攻击检测技术四个方面进行深入探讨。

本书的研究路线如图 1.1 所示，主要研究内容包括以下几方面。

（1）面向社会化推荐的托攻击模型研究。社会化推荐系统同时受到评分与关系的同时驱动，所以容易受到托攻击者注入虚假评分与关系的影响。本书从社会化推荐系统的工作机制入手，归纳总结了社会化推荐系统中托攻击者可能的攻击形式，提出相应的托攻击模型，然后在社会化推荐算法上评估攻击模型的效果。

（2）用于检测托攻击的特征提取方法。社会化推荐系统容易受到虚假评分与虚假关系的影响，所以分别讨论评分驱动的推荐系统中和关系驱动的社交网络中托攻击的检测策略，重点研究用于检测虚假评分与虚假关系的特征提取方法，以用于社会化推荐系统托攻击的检测。

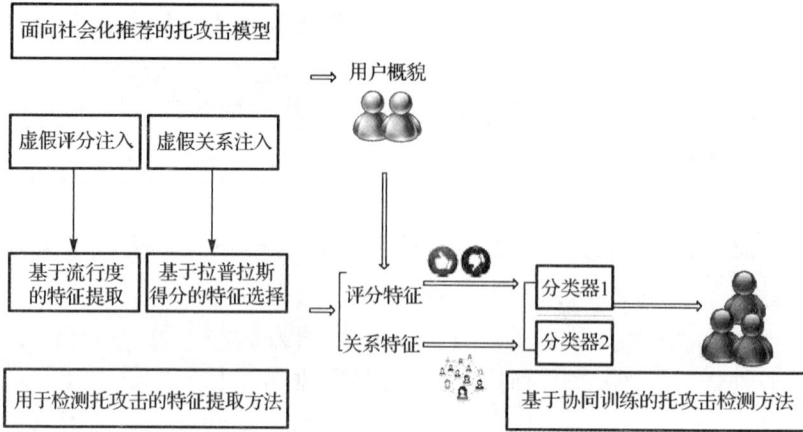

图 1.1   研究路线图

在检测注入虚假评分的托攻击者时，提出一种基于流行度的分类特征提取方法，该方法从用户的选择行为入手，分析得到正常用户与虚假用户在选择项目时由于偏好不同，导致用户概貌中项目的流行度分布的不同。并从流行度分布中抽取特征用于特征提取，从而对推荐系统中的虚假用户进行检测。

在检测注入虚假关系的托攻击者时，提出一种基于拉普拉斯的特征提取方法，该方法能够根据特征保持原有空间几何信息的能力对特征进行选择。该方法是一种无监督的判别分析方法，可以与半监督学习结合，从而对社交网络中的虚假用户进行检测。

（3）基于协同训练的托攻击检测方法。由于社会化推荐系统中的托攻击者可以注入虚假评分与虚假关系，所以可以利用上述研究的特征提取方法从这两个信息中分别提取特征。同时由于系统中有大量的无标签用户数据和少量的有标签用户数据，所以可以利用半监督协同训练在两个特征子图上分别训练分类器，从而提高托攻击检测的准确性，并更加适合在现实中对社会化推荐系统中的托攻击进行检测。

1.3.2   创新点

本书按照研究路线图展开面向社会化推荐系统的托攻击模型与检测研究，具有以下几个创新点。

（1）提出面向社会化推荐系统的托攻击模型。现有社会化推荐系统的研究大多集中在开发推荐准确性高的社会化推荐算法，但是很少有工作对社会化推荐系统的托攻击问题进行研究。社会化推荐系统受评分与关系驱动，所以托攻击者注入的虚假评分与虚假关系可能对推荐结果产生影响。本书对社会化推荐系统中托攻击者可能的攻击形式进行概括，并提出相应的托攻击模型，然后通过实验分析了所提托攻击模型的攻击效果。

（2）提出用于检测虚假评分的基于流行度的特征提取方法。评分驱动的推荐系统中用户可以注入虚假评分操纵推荐结果，传统的检测方法大多从用户概貌中项目的评分分布入手，本书分析了用户的选择行为，提出从用户概貌中项目的流行度分布入手对用户的特征进行提取，从而对托攻击进行检测。

（3）提出用于检测虚假关系的基于拉普拉斯得分的特征选择方法。社交网络中垃圾用户通过注入虚假关系提升自身影响力以达到传播虚假信息，获取经济利益的目的，本书将此类攻击也归于托攻击的范畴。传统的社交网络托攻击检测方法大多利用网络结构对托攻击进行检测，但是这类方法在训练模型时面临特征空间维数较高的问题，导致检测精度不高。基于此，本书提出基于拉普拉斯得分的特征选择方法，从原有特征中选择价值较大的特征，从而在降维的同时提高分类的准确性。该特征选择方法没有利用标签信息，所以可以与半监督学习进行结合。

（4）提出用于检测社会化推荐系统托攻击的基于协同训练的检测方法。本书的主要目的是对社会化推荐系统中的托攻击进行检测，由于社会化推荐系统中用户具有评分信息与关系信息，所以可以对两类特征进行特征提取。在得到这两类特征之后，就可以使用协同训练的方式对用户进行分类，以找到虚假用户。该方法同时利用少部分的有标签数据与大量的无标签数据，且使用协同训练以保持对无标签数据利用的准确性，从而能够提高托攻击检测准确性。

1.4 本书的组织结构

本书共七章，其中第 1 章和第 2 章阐述研究的背景及提供相关的背景知识。第 3 章提出面向社会化推荐系统的托攻击模型。由于社会化推荐系统中的托攻击者可以注入虚假评分与虚假关系，所以第 4 章与第 5 章分别对评分驱动的推荐系统中和关系驱动的社交网络中的托攻击问题进行研究，并提出用于检测托攻击的特征提取方法，为社会化推荐系统中的托攻击检测做准备。第6章在前面工作的基础上，利用协同训练得到一个分类器以对托攻击进行检测。第7章对本书进行总结，并对以后的工作进行展望。每章的具体内容如下。

第1章，绪论。简要介绍社会化推荐系统的原理和托攻击问题以及本书的主要研究内容、研究目的及创新点等。

第2章，社会化推荐系统与托攻击检测相关技术。首先对常见的社会化推荐系统技术进行总结，然后讨论评分驱动的推荐系统中的托攻击模型与检测技术，其次讨论关系驱动的社交网络中的托攻击模型与检测技术，最后，对本书使用的一些基本技术进行概述。

第3章，面向社会化推荐系统的托攻击模型。本章归纳社会化推荐系统中托攻击者的可能攻击形式，具体来说，从注入虚假评分策略与注入虚假关系策略入手，提出相应的模型，并在典型的社会化推荐算法上测试攻击的效果。

第4章，基于流行度分类特征的推荐系统托攻击检测方法。本章对评分驱动的推荐系统中的注入虚假评分的托攻击进行检测，主要探究基于流行度的托攻击检测算法。首先对系统中的项目的流行度进行统计，然后分析每一个用户已评分项目的流行度分布，从而提取特征，最后结合分类器对虚假用户进行检测。实验表明该方法对混合攻击与新型攻击有较好的检测效果。

第5章，基于拉普拉斯得分的社交网络托攻击检测方法。本章对关系驱动的社交网络中的托攻击进行检测，主要探究如何利用拉普拉斯得分对用户进行特征提取。首先利用特征的几何分布信息保持能力进行特征提取，然后利用半监督随机森林方法对托攻击进行检测。实验表明该方法对社交网络中的托攻击有较好的检测效果。

第6章，基于协同训练的社会化推荐系统托攻击检测方法。在前面工作的基础上，可以得到社会化推荐系统中托攻击者注入的虚假用户的评分特征与关系特征视图。考虑到实际环境中有标签数据量有限，所以利用协同训练建立模型以同时利用有标签和无标签数据，进而达到更加好的检测效果。仿真实验表明该方法对提出的社会化推荐系统托攻击模型有较好的检测效果，从而能够维护社会化推荐系统的正常运行。

第7章，总结与展望。对本书中提出的工作进行总结，并对未来需要从事的工作进行展望。

第2章　社会化推荐系统与托攻击检测相关技术

由于社会化推荐系统开放性的特点[13]，托攻击者可能注入虚假评分和虚假关系以操纵推荐结果，破坏推荐的公平性。社会化推荐系统可以看成现有评分驱动的推荐系统与关系驱动的社交网络两者结合的产物，所以推荐系统与社交网络中存在的攻击方式可能也会对社会化推荐系统的推荐结果产生影响。因此，本章首先介绍传统的推荐算法和常见的社会化推荐算法；然后对评分驱动的推荐系统中和关系驱动的社交网络中的托攻击模型与检测手段进行概述；最后对用于托攻击检测的半监督学习算法进行简要的介绍。

2.1　评分驱动的推荐算法

传统推荐系统依据用户对项目的评分记录产生预测评分，进而形成推荐。本书将传统推荐系统称为评分驱动的推荐系统或简记为推荐系统，以与社会化推荐系统进行区分。假定系统中有 M 个用户 $U=\{u_1, u_2, \cdots, u_M\}$，$N$ 个项目 $I=\{i_1, i_2, \cdots, i_N\}$。定义 $\boldsymbol{R}$（$M \times N$ 维）为用户-项目评分矩阵，其中元素 $R_{i,j}$ 表示第 i 个用户对第 j 个项目的评分，如果没有评分，则 $R_{i,j}$ 为 0。评分驱动的推荐系统如图 2.1 所示，推荐的基本原理是依据用户的评分记录，对评分矩阵 $\boldsymbol{R}$ 中缺失的评分进行预测，并选择预测评分较高的项目推荐给用户。

推荐系统有不同的分类方式，根据推荐系统使用的算法不同，可分为三类[20]。

1）基于内容的推荐

基于内容的推荐利用用户已经选择的项目的属性信息，将未评分项目的属性信息与之进行匹配进而产生推荐[24]。这种方法首先根据用户的购买记录，形成用户的内容特征向量，然后将项目也表达为特征向量的形式，最后计算用户特征向量与项目特征向量之间的相似度，并将相似度较高的项目推荐给用户。

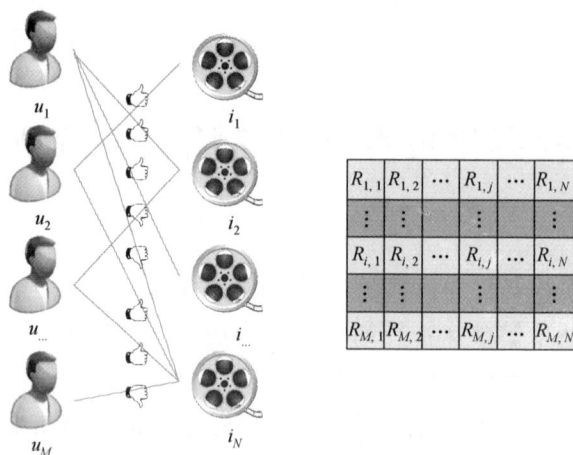

图 2.1　推荐系统原理图

这种方法利用内容信息的相似度产生推荐，不需要利用用户对商品的评价信息，方法简单直观，并能够对刚进入系统的项目进行推荐。但是该方法需要将项目表达为特征向量的形式，这对于非结构化数据如电影、音乐等的推荐造成困难，同时无法对刚进入系统的用户产生推荐。

2）协同过滤推荐

协同过滤是实际中应用广泛的推荐技术，该方法的基本思想源于人们日常生活中选购商品的方法。即如果身边兴趣相投的朋友购买某商品，用户自身也有很大的可能会购买该商品。或者用户喜爱某商品时，对于类似的商品购买的可能性也较高。协同过滤推荐算法可以分为两类[25]：基于存储的和基于模型的算法。

（1）基于存储的推荐算法。该方法利用系统中项目的评分信息产生推荐，基于存储的推荐算法可以分为基于用户的与基于项目的协同过滤推荐算法两种。这两类方法的基本思路是一样的，均包括用户（项目）最近邻查找和预测评分生成两个基本步骤[47]。

在最近邻搜索过程中，需要涉及相似度计算，一般的计算方法包括余弦相似度和皮尔逊相关相似度等[48]。以基于用户的协同过滤为例，若采用余弦相似度，用户 i 与 j 之间的相似度可以用式（2.1）计算，即

$$\text{sim}(u_i, u_j) = \frac{\boldsymbol{R}_i \times \boldsymbol{R}_j}{\|\boldsymbol{R}_i\| \times \|\boldsymbol{R}_j\|} \tag{2.1}$$

其中，R_i 是用户 i 的评分信息，记为 $R_i=\{R_{i,1},\ R_{i,2},\ \cdots,\ R_{i,k},\ \cdots,\ R_{i,N}\}$，其中 $R_{i,k}$ 是用户 i 对项目 k 的评分。将用户间的相似度按照从大到小排列，选择前 K 个用户作为用户 u_i 的最近邻集合 NR(i)。

协同过滤的第二个步骤是利用最近邻结合产生预测评分，如在基于用户的协同过滤中，目标用户 i 对目标项目 k 的预测评分为

$$P_{i,k}=\bar{R}_i+\frac{\sum_{j\in \mathrm{NR}(i)\cap H(k)}\mathrm{sim}(u_i,u_j)(R_{j,k}-\bar{R}_j)}{\sum_{j\in \mathrm{NR}(i)\cap H(k)}\mathrm{sim}(u_i,u_j)} \qquad (2.2)$$

其中，$\bar{R}_i$ 为用户 i 的评分均值；NR(i) 为用户 u_i 的最近邻；$H(k)$ 是对项目 k 有过评分的用户集合；$\mathrm{sim}(u_i,u_j)$ 是用户 i 与 j 之间的相似度；$R_{j,k}$ 为用户 j 对项目 k 的评分。这个公式的含义是用户 i 对项目 k 的预测评分由用户 i 的近邻中对项目 k 有评分的用户集合加权产生。

（2）基于模型的推荐算法。基于模型的算法通过对用户-评分矩阵 R 进行学习从而得到一个用户的评分模型，该模型可以预测用户对未知项目的评分而不需要利用最近邻的评分信息产生预测[25]。常见的基于模型的算法包括矩阵分解方法、线性回归模型、最大熵模型和贝叶斯模型的方法等。

以矩阵分解方法为例，该方法将用户-项目评分矩阵 R 分解为用户特征矩阵 U 以及项目特征矩阵 V 的形式，为了对缺失评分进行预测，该方法转化为求解式（2.3）的约束优化问题，进而求解特征矩阵 U 与 V[49]，即

$$\min\sum_{i=1}^{M}\sum_{k=1}^{N}(R_{i,k}-U_i^{\mathrm{T}}V_k) \qquad (2.3)$$

其中，$R_{i,k}$ 为用户 i 对项目 k 的评分；U_i 是用户 i 的用户特征向量；V_k 是项目 k 的项目特征向量。

矩阵分解模型通过在已知评分数据上进行训练，通过优化目标函数求解得到用户 i 的特征向量 U_i 和项目 k 的特征向量 V_k。用户 i 对项目 k 的预测评分 $R_{i,k}$ 通过 $U_iV_k^{\mathrm{T}}$ 进行计算，从而达到评分预测的目的。

3）混合推荐

以上各类算法在实际中会有自己的缺陷与优点，因此有研究者提出在实际中把不同种类的算法进行结合，以提高推荐的准确性[26]。例如，可以将基于内容的推荐与协同过滤推荐进行组合，得到适用于具体问题的混合推荐算法。常见的混合策略包括如下两类。

（1）推荐结果混合。这种方法的基本思路是利用多种推荐算法得到多个推

荐结果，然后利用一定的策略将推荐结果进行混合，以达到更好的推荐。其中的核心问题是探讨多种推荐结果的整合方式，以得到最后的推荐，如对结果进行投票，或者线性组合等，均可以达到对推荐结果进行整合的目的。

（2）推荐算法混合。这种思路是将不同类型的推荐算法整合在一起，形成混合型的推荐算法，如基于内容的推荐算法可以提供用户特征向量，用于协同过滤中的最近邻查找中，从而辅助协同过滤产生更好的推荐结果。

2.2　社会化推荐算法

近年来，随着社会化媒体的兴起，用户可以更为方便地在网络环境中进行交流。社会化媒体使得用户之间产生了大量的社交关系，如朋友关系、关注关系或信任关系等[13]。社会学中存在同质与影响的理论，该理论假定用户之间的社交关系能够体现用户之间偏好的一致性[14]，因此研究者考虑将社交关系融入传统的推荐系统中，形成社会化推荐系统，以用于缓解传统推荐系统面临的稀疏性、冷启动等问题并提高推荐的准确性[50]。

目前社会化推荐系统尚未有一个明确的定义，根据文献[13]，社会化推荐可以分为两种：狭义的和广义的社会化推荐系统。狭义的社会化推荐系统定义为把社交关系作为额外输入的推荐系统。在这个定义中，用户之间的社交关系代表了用户的偏好关系，从而可以利用社交关系提高推荐系统的性能。广义的社会化推荐系统定义为任意与社会化媒体领域相关的推荐系统。在这个定义下社会化推荐系统可以推荐除商品以外的其他项目，如推荐朋友的关系推荐、推荐标签的标签推荐以及推荐社区的兴趣组推荐等。这种定义下，除了可以利用社交关系，还可以使用其他社会化媒体中的数据，如标签和用户点击行为等。本书中的社会化推荐系统指的是狭义的社会化推荐。

社会化推荐系统的输入包括两部分[13,50]：用户–项目评分矩阵 $\boldsymbol{R}$，用户–用户关系矩阵 $\boldsymbol{S}$。其中，$\boldsymbol{S}$（$M \times M$ 维）表示系统中用户与用户之间的关系矩阵。当用户 i 与用户 j 有关系时，元素 $S_{i,j}$ 为 1，否则该值为 0。社会化推荐系统的基本原理如图 2.2 所示。

由于协同过滤技术在推荐系统中得到广泛应用，所以许多社会化推荐系统以协同过滤作为基本的模型，去探讨社会化推荐算法与构建实际的社会化推荐系统。本书按照协同过滤算法的分类方式，将社会化分为基于存储的与基于模型的社会化推荐算法两种[13]。

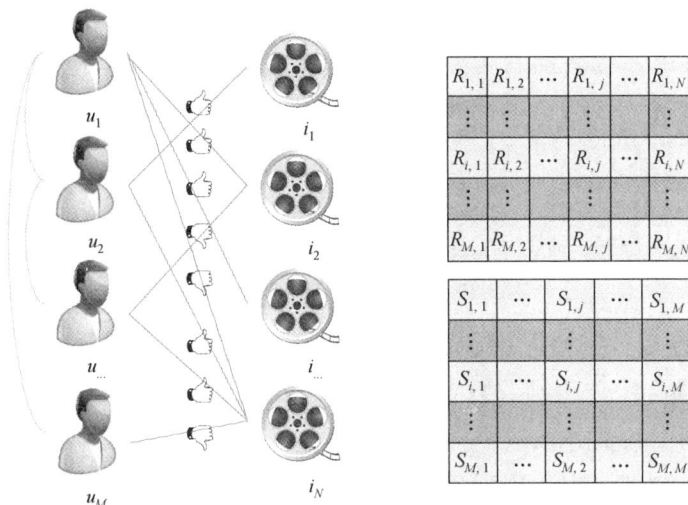

图 2.2　社会化推荐系统原理图

1）基于存储的社会化推荐算法

基于存储的社会化推荐系统以基于存储的协同过滤为基本模型，融入社交关系以改善推荐[13]。该方法的基本原理是首先找到用户 u_i 的关联用户集合 $N(u_i)$，然后利用这个集合产生用户 u_i 对目标项目的评分。

经典的基于用户的协同过滤中，关联用户集合 $N(u_i)$ 为用户 u_i 评分相似度最高的若干个用户，即评分最近邻集合 $NR(u_i)$。基于存储的社会化推荐系统主要体现在如何构造关联集合以及如何利用关联用户集合产生推荐上，其中常见的方法包括如下三种。

（1）基于社交关系的加权平均方法[51]。这种方法，对于一个特定用户 u_i，仅考虑用户 u_i 直接相连的朋友集合 $NF(u_i)$ 作为用户 u_i 的关联用户集合，即 $N(u_i) = NF(u_i) = \{u_j \mid S_{u_i,u_j} \neq 0\}$。

（2）基于社交关系与评分近邻交集方法[52]。该方法考虑将用户 u_i 的评分最近邻 $NR(u_i)$ 与朋友集合 $NF(u_i)$ 的交集作为关联用户集合，即 $N(u_i) = NR(u_i) \bigcap NF(u_i)$。此方法将两种信息取交集以同时利用，但是如果评分最近邻集合与社交关系用户集合没有交集，这种方法就会失效。

（3）基于相似社交关系用户方法[52]。这种方法认为朋友集合中评分相似度高

于一个阈值 δ 的用户作为关联用户集合，即 $N(i) = \{u_j \mid u_j \in \mathrm{NF}(i), \mathrm{sim}(u_i, u_j) > \delta\}$，即寻找朋友关系中评分相似度最高的前 K 个用户作为关联用户，进而产生推荐。

当得到关联用户集合 $N(i)$ 之后，需要利用该集合中的用户对目标项目的评分产生推荐，基本的思路与传统的推荐系统方法类似，可以使用式（2.2）的方法产生预测评分，用户之间的相似度可以使用评分相似度或者结构相似度等。

以上方法仅考虑了用户直接关联的用户作为朋友集合 $\mathrm{NF}(i)$，没有考虑到路径与网络结构的影响。其他的方法如 TidalTrust[27]、MoleTrust[53] 和 TrustWalker[54] 等还考虑了利用网络结构构造朋友用户集，但是基本的思路与上述三种方法类似，也包括关联用户查找与预测评分生成两个阶段。

2）基于模型的社会化推荐算法

基于模型的社会化推荐算法使用基于模型的协同过滤算法作为基本的模型，并考虑利用社交关系改进推荐结果[13]。这种方法的基本假设是用户的偏好与朋友的偏好相似。由于矩阵分解技术是应用较为广泛的基于模型的协同过滤技术，这里以矩阵分解方法为例，对相关技术进行概述。

（1）基于协同分解的方法（co-factorization methods）。这种方法的基本思路是用户 i 在评分矩阵 $\boldsymbol{R}$ 上和关系矩阵 $\boldsymbol{S}$ 上应该有相同的用户特征向量 $\boldsymbol{U}_i$，因此可以对评分矩阵与关系矩阵进行协同分解，从而得到优于传统矩阵分解方法的推荐技术。

其中代表性的算法为 Ma 等在 2008 年提出的 SoRec 算法[55]，该方法通过用户评分特征向量将评分矩阵 $\boldsymbol{R}$ 与关系矩阵 $\boldsymbol{S}$ 联系在一起，并通过最小化式（2.4）的目标函数达到对缺失评分预测的目的，即学习出用户特征矩阵 $\boldsymbol{U}$ 与项目特征矩阵 $\boldsymbol{V}$ 以实现评分预测，即

$$\begin{aligned} L(\boldsymbol{R}, \boldsymbol{S}, \boldsymbol{U}, \boldsymbol{V}, \boldsymbol{Z}) = & \frac{1}{2} \sum_{i=1}^{M} \sum_{k=1}^{N} I_{i,k}^{R}(r_{i,k} - g(\boldsymbol{U}_i^{\mathrm{T}} \boldsymbol{V}_k)) \\ & + \frac{\lambda_c}{2} \sum_{i=1}^{M} \sum_{k=1}^{M} I_{i,k}^{S}(r_{i,k} - g(\boldsymbol{U}_i^{\mathrm{T}} \boldsymbol{V}_k)) \\ & + \frac{\lambda_U}{2} \|\boldsymbol{U}\|_{\mathrm{F}}^{2} + \frac{\lambda_V}{2} \|\boldsymbol{V}\|_{\mathrm{F}}^{2} + \frac{\lambda_Z}{2} \|\boldsymbol{Z}\|_{\mathrm{F}}^{2} \end{aligned} \tag{2.4}$$

其中，$\boldsymbol{R}$ 是用户-评分矩阵；$\boldsymbol{S}$（$M \times M$ 维）是用户-用户关系矩阵；$\boldsymbol{U}_i$（$1 \times K$ 维）是用户 i 的评分特征向量；$\boldsymbol{V}_k$（$K \times 1$ 维）是项目 k 的特征向量；$\boldsymbol{Z}_j$（$1 \times K$ 维）是用户 j 的关系特征向量。M 是用户数量，N 是项目数量，K 是指定的向量维度。λ_U、λ_V 和 λ_Z 分别是用户评分特征向量、项目特征向量以及用户关系特征向量的惩罚因

子，$I_{i,k}^R$ 指示用户 i 是否对项目 k 评分，$I_{i,j}^S$ 指示用户 i 是否与用户 j 有社交关系。

在对缺失评分进行预测时，使用的方法与传统矩阵分解方法类似，由用户 i 的评分特征向量与项目 k 的特征向量的点积作为用户 i 对目标项目 k 的预测评分，计算公式为 $R_{i,k} = U_i V_k^T$。

（2）集成方法（ensemble methods）。这种方法的基本原理是假定用户对目标项目的缺失评分由该用户自己的和朋友集合对目标项目的评分线性组合产生。这种方法考虑了实际环境中用户的社交关系用户对自身偏好的影响。

其中代表性的方法是 Ma 等[29]提出的融合社会信任的协同推荐（Recommend with Social Trust Ensemble，RSTE）方法，这种方法在对预测评分进行求解时利用了朋友集合对该项目的评分，该方法的求解可以转化为最小化式（2.5）的目标函数，即

$$L(\boldsymbol{R},\boldsymbol{S},\boldsymbol{U},\boldsymbol{V}) = \sum_{i=1}^{M}\sum_{k=1}^{N} I_{i,k}^R (r_{i,k} - g(\alpha U_i^T V_k))$$
$$+ (1-\alpha)\sum_{j\in\mathrm{NF}(i)} S_{i,j}(U_j(V_k))^2 \qquad (2.5)$$
$$+ \frac{\lambda_U}{2}\|U\|_F^2 + \frac{\lambda_V}{2}\|V\|_F^2$$

其中，$\mathrm{NF}(i)$ 是用户 i 的社交关系用户集；α 是用户的评分与社交关系用户评分的加权；$g(\cdot)$ 是加权函数，用户 i 的预测评分也通过此函数来结合用户 i 与其朋友集合对项目的预测值，从而得到最后的预测值。

（3）正则化方法（regularization methods）。这种方法认为用户 i 的用户特征向量 U_i 应该与该用户朋友的特征向量接近，因此可以通过正则化项体现出这种关系。

代表性的方法是 Jamali 等[56]于 2010 年提出的 SocialMF 方法。这种方法在传统矩阵分解模型的基础上加入了用户与朋友集合的特征向量差值这个额外的正则化项，并通过最小化式（2.6）的目标函数对缺失评分进行预测，即

$$L(\boldsymbol{R},\boldsymbol{S},\boldsymbol{U},\boldsymbol{V}) = \frac{1}{2}\sum_{i=1}^{M}\sum_{k=1}^{N} I_{i,k}^R (r_{i,k} - g(U_i^T V_k))^2$$
$$+ \beta\sum_{i=1}^{N}\left(U_i - \sum_{j\in\mathrm{NF}(i)} S_{i,j} U_j\right) \qquad (2.6)$$
$$+ \frac{\lambda_U}{2}\|U\|_F^2 + \frac{\lambda_V}{2}\|V\|_F^2$$

其中，$S_{i,j}$ 是用户 i 及用户 j 的结构相似度，可以使用 Jaccard 相似度进行衡量，即可以把两个用户公共朋友的数量作为相似度。用户 i 对项目 k 的预测评分可以通过公式 $R_{i,k} = U_i V_k^T$ 进行计算。

2.3　评分驱动的推荐系统中的托攻击研究

传统的推荐系统基于用户–项目评分矩阵产生推荐，所以是受评分驱动的。传统推荐系统的基本原理是利用评分信息找到目标用户的近邻用户集合，然后利用近邻集合对目标项目的评分产生预测评分[36]。这种方法在实际中取得了较大的成功，但是却容易受到托攻击。托攻击者通过向系统中注入攻击概貌成为虚假用户，进而通过成为真实用户的近邻而操纵预测评分。这种攻击方式会影响系统对目标用户的推荐结果，达到提高或者降低目标项目推荐频率的目的，相应地称为"推攻击"与"核攻击"[57]。

研究表明系统中存在 1%的攻击概貌就能使攻击的目标项目置顶[38]。托攻击的存在影响了推荐列表的准确性，给推荐系统的安全性带来威胁。为了对托攻击进行检测，研究者对托攻击进行归纳，提出了托攻击模型以注入攻击概貌，然后研究相应的检测方法对注入的攻击概貌进行检测。因此本节首先对托攻击模型进行总结，然后给出推荐系统中托攻击检测的基本方法。

2.3.1　评分驱动的推荐系统中的托攻击模型

下面首先介绍攻击概貌的基本形式，然后引出攻击模型，最后对常见的混淆技术进行概述。

1）攻击概貌形式

托攻击者通过攻击模型向系统中注入一系列的攻击概貌，从而成为系统中的虚假用户以操纵推荐结果。一般来说，典型的维度为 d 的攻击概貌主要包括四个部分：长度为 s 的选择项目集合 I_S，长度为 f 的装填项目集合 I_F，长度为 t 的目标项目集合 I_t，以及长度为 n 的未评分项目集合 $I_\varnothing$。其中，$d=s+f+t+n$。常见的攻击概貌形式如表 2.1 所示，其中，四个集合的具体含义如下[18]。

表 2.1　常见攻击概貌形式

选择项目集合 I_S			装填项目集合 I_F			未评分项目集合 $I_\varnothing$			目标项目集合 I_t
$I_{S,1}$	...	$I_{S,s}$	$I_{F,1}$	...	$I_{F,f}$	$I_{\varnothing,1}$	...	$I_{\varnothing,n}$	I_t
$\mathrm{rs}(I_{S,1})$	...	$\mathrm{rs}(I_{S,s})$	$\mathrm{rf}(I_{F,1})$	...	$\mathrm{rf}(I_{F,f})$	Null	...	Null	$\mathrm{rt}(I_t)$

（1）I_S 是托攻击者为了特定需要而精心选择的项目集合。定义选择规模 $I_{select} = \dfrac{s}{d}$，对于集合中的每一个元素，指定一个选择评分函数 rs 赋予评分，评分函数即托攻击者的评分策略。I_S 不是每一种攻击模型都必需的。

（2）I_F 是托攻击者为了避免检测而随机选择的项目集合。定义装填规模 $I_{fill} = \dfrac{f}{d}$，对于集合中的每一个元素，指定一个装填评分函数 rf 赋予评分，I_F 的存在避免了攻击概貌稀疏的问题，从而避免被轻易检测出来。

（3）$I_\varnothing$ 为用户没有评过分的项目集合。攻击概貌中大多数的项目属于这个集合。

（4）I_t 是托攻击者攻击的目标项目集合。对每一个攻击概貌，通常只有一个目标项目，并指定一个目标评分函数 rt 赋予评分。一般对于推攻击，这个评分通常取最大值；而对于核攻击，这个评分通常取最小值。

2）常见的攻击模型

推荐系统中用户的行为包括对商品的选择行为和对商品的评分行为，为了对真实用户进行模拟，一个攻击模型通常由选择项目的策略以及相应的评分函数 rs、rf 和 rt 组成。不同的项目选择策略和评分策略构成了不同的攻击模型[58]，同时定义攻击规模为系统中攻击概貌与真实概貌数量的比，即托攻击者注入的虚假用户数量与系统中真实用户数量的比值。

最早的攻击模型是 Lam 等[32]提出的，后续的研究者在此基础上提出了不同的模型，以在减少攻击成本的基础上，增强攻击效果。常见的攻击模型如表 2.2 所示[57]，常见的攻击模型归纳如下。

表 2.2　常见攻击模型

攻击模型	I_S（选择项目）	I_F（填充项目）	I_t（目标项目）
随机攻击	∅	随机选择项目 rf$(I_F)=r_{random}$	rt$(I_t)=r_{max}/r_{min}$
平均攻击	∅	随机选择项目 rf$(I_F)=r_{random}$	rt$(I_t)=r_{max}/r_{min}$
流行攻击	最流行项目 rs$(I_S)=r_{max}$	随机选择项目 rf$(I_F)=r_{random}$	rt$(I_t)=r_{max}/r_{min}$
分段攻击	与目标项目类似项目 rs$(I_S)=r_{max}$	随机选择项目 rf$(I_F)=r_{min}$	rt$(I_t)=r_{max}/r_{min}$
探测攻击	随机选择项目 rs$(I_S)=$系统回应评分	随机选择项目 rf$(I_F)=$真实评分	rt$(I_t)=r_{max}/r_{min}$
爱憎攻击	∅	随机选择项目 rf$(I_F)=r_{max}$	rt$(I_t)=r_{max}/r_{min}$

（1）随机攻击（random attacks）[32]。在这种攻击中，I_S 为空集，I_F 是从目标项目以外的其他项目中随机选择的，rf 评分函数指派一个随机评分给 I_F 中的项目，这个评分是按照数据库系统的评分均值的正态分布决定的。这种攻击所需要的成本较低。

（2）平均攻击（average attacks）[32]。在这种攻击中，I_S 也为空集，I_F 是从目标项目以外的其他项目中随机选择的，rf 评分函数按照项目 i 的评分均值的正态分布给项目 i 赋予评分，成本高于随机攻击。

（3）流行攻击（bandwagon attacks）[32]。这种攻击是随机攻击的扩展，在这种攻击中，I_S 为系统中评分较高且较为流行的项目，rs 评分函数给这些项目赋予高分；I_F 的选择策略与评分策略与随机攻击类似。由于选择项目的存在，这类攻击概貌可能与更多的用户相似。

（4）分段攻击（segment attacks）[39]。上述三种攻击对基于用户的协同过滤有较好的攻击效果，但是对基于项目的协同过滤攻击效果不佳。分段攻击通过精心选择 I_S，并赋予最大值，同时随机选择 I_F 赋予最小值，使得对与 I_S 中项目有类似偏好的用户有较大的影响，从而用户攻击基于目标的协同过滤算法。

（5）探测攻击（probe attacks）[33]。这种攻击中托攻击者选择部分项目作为种子，向系统进行查询得到这些项目的真实评分，然后利用这些评分作为填充项目的评分，从而构造与真实用户较为接近的攻击概貌。

（6）爱憎攻击（love/hate attacks）[34]。这种攻击中没有 I_S，I_F 中的项目是随机选择的。系统给目标项目最高/最低分，给 I_F 中的项目最低/最高分。这种攻击形式不需要对系统有所了解，成本较低。由爱憎攻击构建的核攻击对基于用户的协同过滤有较好的攻击效果。

3）混淆技术

现有的托攻击检测技术能够有效地检测常见的攻击方式，然而托攻击者可能采用混淆技术躲避检测，常见的混淆技术包括以下三种[57, 59]。

（1）噪声注入。在装填项目或选择项目原有评分的基础上增加一个随机数，如可以增加一个服从高斯分布的随机数。这种方法的思路是绕过现有基于评分的检测指标。

（2）目标偏移。这种方法将目标项目评分改为次高分或者次低分从而避免暴露攻击意图。

（3）流行装填。在 Top-x%的最流行项目集合内等概率选择装填项目，即从高流行度的项目中选择评分项目，其中流行程度称为项目流行度，这种混淆技术称为平均流行攻击模型。

2.3.2　评分驱动的推荐系统中的托攻击检测

托攻击者向系统中注入攻击概貌形成虚假用户，因此托攻击检测的目的就是找到系统中的攻击概貌[57,59]。如果把托攻击检测看成分类问题，从对标签的依赖程度分析，可以把检测算法分为监督学习、无监督学习和半监督学习三类[59]。

1）基于监督学习的托攻击检测

监督型的方法主要是使用分类特征训练分类器以用于对正常用户概貌与攻击概貌进行分类，如 Chirita 等[36]提出根据标记用户的各项特征指标分布规律，使用结合 RDMA 和 DegSim 这两个特征指标进行托攻击检测。美国 DePaul 大学 Williams 等[37]系统定义了托攻击分类特征，提出了检验攻击的决策树算法。Bhebe 等[60]提出融合集成多个有监督的分类器提高检测精度。这些算法针对特定攻击模型效果很好，但对混合攻击或新的攻击模型的检测并不理想，为此，伍之昂等[61]提出使用特征选择结合监督学习的方法应对不同的攻击模型。

2）基于无监督学习的托攻击检测

由于监督学习的检测器过多地依赖于特征指标和训练集，所以研究者转向使用无监督学习构造检测器。Mehta 等[39]提出第一个基于无监督学习的检测器 PCASelectUsers，不需要任何先验知识，根据虚假用户之间的皮尔逊相似度高于正常用户这一发现使用聚类技术完成托攻击检测。李聪等[62]提出缺失评分潜在因素分析模型（Latent Factor Analysis for Missing Ratings，LFAMR）模型，该方法以数据非随机缺失机制为依托，对导致评分缺失的潜在因素进行解析，通过聚类发现攻击用户类[59]。Zhang 等[63]提出的谱聚类（Spectral Clustering，SC）方法是一种基于相似度矩阵的无监督算法，这两种方法的基本假设是虚假用户之间的相似度高于正常用户，通过谱聚类方式可以有效地找出虚假用户群体。杨櫺等[40]提出利用协同谱聚类在用户和项目两个视图上同时聚类的方法等。

3）基于半监督学习的托攻击检测

由于实际系统中存在着少量有标记的用户和大量无标记的用户，所以如果结合使用这两种数据进行托攻击检测成为研究的一个方向。例如，Wu 等[41]提出了 HySAD 的混合托攻击检测算法，这种方法使用半监督主动学习方式结合使用标记与无标记数据训练出了分类器[59]。

2.4　关系驱动的社交网络中托攻击研究

在线社交网络的广泛使用给人们的生活方式带来了巨大的便利，因而受到广泛的应用。然而由于社交网络开放性的特点，托攻击者可以注入虚假关系以提高自己的影响力，进而可以通过社交网络传播虚假信息。这种行为容易造成正常用户的经济利益受到威胁，同时破坏在线社交网络的公平性，给社交网络的正常运行带来了危害，因此越来越多的研究者关注社交网络中的托攻击检测问题。

本节首先对社交网络中的托攻击方式进行总结，然后对现有的社交网络托攻击检测技术进行一个简单的概括。

2.4.1　关系驱动的社交网络中的托攻击形式

托攻击者对社交网络的攻击有不同的目的，因此社交网络中的托攻击具备不同的形式。这里以攻击的对象不同，分为两类进行讨论[64]。

1）用户级别的攻击

这类攻击主要针对随机或者特定的少部分用户，包括：①来自于其他用户的攻击[65]，这种攻击形式来自于用户与其他用户或社交机器人的交互过程，以达到窃取信息、传播不良信息的目的；②来自社交应用的攻击[66]，这种攻击来自于要求与用户概貌建立连接的第三方应用，恶意应用可能借此收集用户的基本信息；③来自社交网络的攻击[67]，这种攻击主要是社交网络通过让用户签署协议，从而可以读取用户的隐私信息；④去匿名化或推断攻击[68]，这种攻击指的是社交网络将用户匿名数据发布后，托攻击者可以通过去匿名化的方法推断用户的属性，造成对正常用户隐私的泄露。

2）社交网络级别的攻击

这类攻击针对的是社交网络本身，从而威胁社交网络的核心业务，包括：①爬取攻击[69]，大规模分布式数据爬虫从社交服务的应用程序编程接口

（Application Programming Interface，API）或公开的用户概貌网页中爬取数据与关系，这些数据可能被出售到各类利益集团从而造成用户敏感信息的泄露；②分布式拒绝服务攻击[70]，托攻击者向社交网络站点发送大量的服务请求以使得社交网络瘫痪；③恶意程序攻击[71]，恶意程序指的是获得登录权，干扰计算机操作，收集敏感信息或者毁坏计算机的程序；④女巫攻击[72]，女巫攻击指的是托攻击者伪造多个身份以用于干扰社交网络的运行。女巫攻击在无线网络、电子投票中均存在。社交网络很容易被女巫攻击影响，如托攻击者通过注入虚假身份并建立关注即可以达到提高自己影响力的目的；⑤社交垃圾攻击[73]，社交垃圾指的是托攻击者发布虚假内容以使得正常用户上当受骗。托攻击者通过发布垃圾信息达到传播不发信息，推销商品等目的。这些信息通过用户之间的社交关系而迅速传播。

本书主要关注社交网络中托攻击者注入伪造用户概貌，并与正常用户建立社交关系，以用于传播虚假欺骗信息，可以看成女巫攻击与社交垃圾攻击结合的产物。此类攻击不仅使得正常用户的经济利益受到影响，而且影响了用户对社交网络的满意度，危害了社交网络的长远发展。

2.4.2　关系驱动的社交网络中的托攻击检测

本书主要关注女巫攻击[72]和社交垃圾攻击[73]的检测问题。在这两种攻击中，托攻击者注入多个虚假身份与正常用户建立关系，以达到传播虚假信息的目的。下面主要总结社交网络中托攻击的检测方法，从而为社会化推荐系统的托攻击检测带来启发[74]。

1）有监督的检测方法

这种方法主要通过训练分类器对托攻击者进行检测，如从用户注册信息、用户发布内容等信息中抽取特征构建分类器[43]，针对基于诱捕系统抓取行为特征的检测方法[44]等；另外，有研究者提出基于社交网络结构的检测方法，如利用用户发送消息的行为轨迹，通过分析发送者和接收者之间的距离和连通性识别虚假用户的方法[75]、结合文本特征和网络特征的框架模型的检测方法[76]、利用用户粉丝谨慎度的检测方法[77]等。

2）无监督的检测方法

监督型的检测方法需要大量样本，人工标注样本代价较大，于是有研究者提出了无监督的检测方法。这种方法主要利用社交网络的拓扑关系识别网络中的异常点，如利用文本和 URL 相似度对帖子进行聚类的检测方法[45]，该方法假设虚假用户和正常用户之间不存在相关关系；Tan 等[78]对上述假设提出了异议，认为虚假用户需要和正常用户建立关系来提高自身的可信度，并提出了一种结合社交关系图和用户连接图的无监督检测方法，该方法先通过社交关系图确定部分正常用户，然后根据这些用户的连接图判断虚假用户。

　　3）半监督的检测方法

　　与有监督的检测方法相比，无监督的检测方法虽然不需要人工标注数据，但其假阳性率高，鲁棒性也稍逊。为解决这些问题，Li 等[16]结合监督型和非监督型的方法，提出一种结合信任传播的半监督检测框架，该算法利用 PageRank 传播样本标签。

2.5　半监督学习方法

　　半监督学习能够同时利用有标签数据与无标签数据进行学习[79]。半监督学习能够通过利用无标签数据提高机器学习算法的性能[80]。

　　半监督学习成立的假设包括三个：①平滑假设，位于稠密区域中的数据如果距离较近则类标相似；②聚类假设，位于同一个聚类簇的两个数据点有很大的概率具有相同的标签；③流形假设，将高维数据嵌入低维流形后，在映射后的一个小局部领域中的数据点具有相似的类标签[81]。半监督学习依赖于上述假设从而保证对无标签数据的利用能够改善学习器的结果。即当且仅当以上的假设成立时，无标签数据才会对学习起到促进作用。

　　半监督学习主要包括生成式方法、判别式方法、基于图的方法和多视角方法等四种常见方式[82, 83]。

　　1）生成式方法

　　生成式方法基于聚类假设，并以生成式模型作为基本的分类模型，即使用数据的标签对输入数据的条件概率建立模型，最后使用 EM 算法完成对标签和模型参数的估计。该方法等价于在少量有标签数据周围进行聚类操作。基于核的半监督学习[84]是典型的生成式方法。

2）判别式方法

判别式方法在有标签数据和无标签数据上使用最大间隔方法得到学习的决策边界，最后的结果是使得分类超平面距离最近的数据点间隔最大，并且该超平面能够通过低密度区域[80]。典型的方法包括转导支持向量机[85]和熵正则法[86]。

3）基于图的方法

基于图的方法的基本思路是在数据图上进行标签传播，然后推断未标记样例的标签。这种方法首先建立数据点之间的近邻图，然后基于流行假设并利用图的近邻关系将类标签进行传递。典型的方法如 Blum 等[87]提出的使用最小图切割问题求解标签推断的方法，Zhu 等[88]使用比例割法使得分割后的子图包含较平衡节点数量，进而求解标签推断。

4）多视图方法

多视图方法中每个数据点包括多个特征视图，所以可以在不同的视图上建立分类器，然后利用这些分类器之间的交互达到更为准确地利用未标注样本的目的。作为其中代表性的方法，协同训练于 1998 年被提出以对网页进行分类[89]。协同训练有两个假设条件：①视图充分冗余假设，即假定在每个特征子图上都能够训练出一个分类器；②条件独立假设，即视图之间彼此独立。在此基础上，Dasgupta 等[90]证明当数据满足视图冗余假设时，协同训练能在无标签数据上取得较为一致的分类结果，进而降低误分类。Zhou 等[91]证明当特征视图充分冗余时，即使在一个有标签样本上也能进行有效训练。

由于社会化推荐系统中的用户包含评分信息与关系信息，所以每个用户拥有两个特征视图，进而可以使用协同训练对社会化推荐系统中的托攻击进行检测。

2.6　本　章　小　结

本章对社会化推荐算法与托攻击问题进行了综述，为后续章节的工作奠定了基础。首先对传统的个性化推荐技术与社会化推荐算法进行了归纳，然后对评分驱动的推荐系统与关系驱动的社交网络中的托攻击模型与检测技术进行了综述，最后对常见的半监督学习算法进行了简要介绍。

第 3 章　面向社会化推荐系统的托攻击模型

3.1　引　　言

社会化推荐系统利用用户的朋友的偏好信息,能够缓解冷启动与稀疏性问题,并能够改善推荐系统的准确性。社会化推荐系统作为一种新形式的推荐系统,受到越来越多的关注[50]。本书中将传统的仅依赖于用户评分的推荐系统称为"推荐系统",而结合评分信息与社交关系的推荐系统称为"社会化推荐系统"。

评分驱动的推荐系统[51]与关系驱动的社交网络[64]容易受到托攻击者注入虚假欺骗信息的影响,这给系统的正常运行带来了威胁。社会化推荐系统同时利用评分信息与关系信息产生推荐结果,因此可以看成推荐系统与社交网络结合的产物。现有研究对推荐系统与社交网络中的攻击形式与检测手段有较深入的研究[51,64],但是却很少有研究关注社会化推荐系统中的托攻击问题。因此本章对社会化推荐系统中的托攻击问题进行研究。

基于此,本章从社会化推荐系统的运行原理出发,尤其关注基于模型的社会化推荐算法,分析社会化推荐系统可能受到的攻击。然后,借鉴推荐系统和社交网络中托攻击者的攻击手段,提出面向社会化推荐系统的托攻击模型。具体地,在现有推荐系统评分攻击模型的基础上,首先提出社会化推荐系统中关系的注入策略,得到关系攻击模型,然后提出评分攻击模型与关系攻击模型共同作用的协同攻击模型。最后,通过实验探讨面向社会化推荐系统的托攻击模型(评分攻击模型、关系攻击模型与协同攻击模型)对社会化推荐算法的攻击效果,从而说明所提模型的有效性,进而分析社会化推荐系统的脆弱性。

本章的组织结构如下,首先通过一个例子引出社会化推荐系统中的托攻击问题,然后提出面向社会化推荐的托攻击模型,接下来对实验进行分析,最后是本章小结。

3.2 预 备 知 识

3.2.1 引例

社会化推荐系统包含两类输入，即用户-项目评分矩阵 R 和用户-用户关系矩阵 S。用户对推荐系统中所有项目的评分称为用户的评分概貌，用户与其他用户的关系构成用户的关系概貌。用户的评分概貌与关系概貌整体称为用户概貌，这个概貌是用户在社会化推荐系统中存在的形式。托攻击用户通过攻击模型伪造用户概貌，从而达到影响系统推荐结果的目的。本章的主要目标是提出构造用户概貌的面向社会化推荐系统的托攻击模型。

为了便于理解社会化推荐系统中的托攻击问题，表 3.1 与表 3.2 提供了一个社会化推荐系统托攻击的实例。此处以基于相似社交关系用户方法[52]为例进行说明，该算法选择用户 i 的朋友集合中相似度最高的用户作为关联用户，从而对用户 i 对目标项目的评分进行预测。

表 3.1 与表 3.2 中 Alice 指的是目标用户，$User_i$ 代表系统中的真实用户，$Attacker_i$ 表示托攻击者注入的虚假用户。表 3.1 是用户-项目评分矩阵，其中评分从 1 分到 4 分，0 分表示没有给出评分，最后一列是用户与 Alice 的评分相似度。表 3.2 是用户-关系矩阵，值为 1 的时候表示是朋友，为 0 的时候表示没有建立朋友关系。

表 3.1 用户-项目评分矩阵示例

	$Item_1$	$Item_2$	$Item_3$	$\cdots$	$Item_n$	用户与 Alice 的评分相似度
Alice	4	0	0	$\cdots$	3	1.00
$User_1$	3	3	4	$\cdots$	0	0.89
$User_2$	3	1	2	$\cdots$	3	0.91
$\vdots$	$\vdots$	$\vdots$	$\vdots$		$\vdots$	$\vdots$
$User_m$	4	0	3	$\cdots$	0	0.86
$Attacker_1$	2	0	3	$\cdots$	1	0.95
$Attacker_2$	3	4	0	$\cdots$	0	0.73
$\vdots$	$\vdots$	$\vdots$	$\vdots$		$\vdots$	$\vdots$
$Attacker_p$	3	4	4	$\cdots$	2	0.90

表 3.2　用户-用户关系矩阵示例

	Alice	$User_1$	$User_2$	⋯	$User_m$	$Attacker_1$	$Attacker_2$	⋯	$Attacker_p$
Alice	0	1	0	⋯	1	1	0	⋯	1
$User_1$	1	0	0	⋯	1	0	0	⋯	0
$User_2$	0	0	0	⋯	1	1	1	⋯	1
⋮	⋮	⋮	⋮		⋮	⋮	⋮		⋮
$User_m$	1	1	1	⋯	0	1	0	⋯	0
$Attacker_1$	1	0	1	⋯	1	0	1	⋯	1
$Attacker_2$	0	0	0	⋯	0	1	0	⋯	1
⋮	⋮	⋮	⋮		⋮	⋮	⋮		⋮
$Attacker_p$	1	0	1	⋯	0	1	1	⋯	0

基于相似社交关系用户方法的基本思路是选择评分最相似的且有社交关系的 K 个用户作为关联用户集合,从而得到预测评分。以 $K=2$ 为例,对 Alice 而言,当没有注入 n 个虚假用户时,满足条件的关联用户集合是系统中的正常用户 1 和正常用户 m,因为这两个用户与 Alice 相似度较高且与 Alice 建立了关系。

托攻击者注入虚假用户之后,由于虚假用户 1 和虚假用户 p 均与 Alice 有社交关系,并且评分相似度高于其他与 Alice 有社交关系的正常用户,所以 Alice 的关联用户集合是虚假用户 1 和虚假用户 n。注意到虽然真实用户 2 与 Alice 的评分相似度较高,但是由于真实用户 2 与 Alice 没有关联关系,所以仍然没有被包含在 Alice 的关联用户集合中。由于社会化推荐对 Alice 的推荐结果依赖于关联用户集合,所以 Alice 的评分将完全受到虚假用户的操纵。

上面的例子说明托攻击者可以通过注入虚假评分与虚假关系的方式操纵社会化推荐系统中的真实用户的评分,达到攻击的目的。因此本章探讨社会化推荐系统中的托攻击方式,提出面向社会化推荐系统的托攻击模型。

3.2.2　基本定义

为了更好地进行描述与方便理解,下面结合 3.2.1 节中的引例,对本章出现的名词进行定义。

1）社会化推荐系统相关的概念[20]

定义 3.1　用户（users）指的是社会化推荐系统中评分与关系的主体，通常是实际的真实用户，如表 3.1 中的 Alice 等。

定义 3.2　项目（item）指的是社会化推荐系统中用户进行评分的对象，可以是电影、音乐或其他商品，如表 3.1 中的 $Item_1$ 等。

定义 3.3　项目评分（rating on item）指的是在社会化推荐系统中，用户对项目给的评分。评分一般是整数值，如表 3.1 中出现的 1、2、3、4 等，如果没有评分，那么相应位置是 0。

定义 3.4　评分矩阵（rating matrix）指的是用户、项目以及用户对项目的评分构成的一个二元矩阵。评分矩阵相应位置处是用户对项目的评分，如果没有评分，那么这个值是 0，如表 3.1 就是一个评分矩阵。

定义 3.5　关系矩阵（relationship matrix）指的是用户、用户与用户之间的关系构成的一个二元矩阵。如果用户与用户间拥有社交关系，那么相应位置的值是 1，否则为 0，如表 3.2 就是一个关系矩阵。

2）虚假用户相关的概念[18]

定义 3.6　评分概貌（rating profiles）指的是某用户对系统中所有项目评分的集合。评分矩阵中的每一行代表一个用户的评分概貌，如表 3.1 中，Alice 所在的矩阵行是 Alice 的评分概貌，即 Alice 对所有项目的评分集合。

定义 3.7　关系概貌（relationship profiles）指的是用户与系统中所有用户的关系构成的集合。关系矩阵中的每一行代表一个用户的关系概貌，如表 3.2 中 Alice 所在的矩阵行是 Alice 的关系概貌，即 Alice 与系统中所有用户的关系集合。

定义 3.8　用户概貌（user profiles）指的是用户评分概貌与关系概貌的总体，称为用户概貌。一个用户的用户概貌是该用户在社会化推荐系统中存在的形式。

定义 3.9　攻击概貌（attack profiles）指的是虚假用户的用户概貌，即虚假用户的评分概貌与关系概貌构成的集合。例如，表 3.1 中 $Attacker_1$ 的评分概貌可称为评分攻击概貌，表 3.2 中 $Attacker_1$ 的关系概貌可称为关系攻击概貌，评分攻击概貌与关系攻击概貌统称为 $Attacker_1$ 的攻击概貌。

定义 3.10　虚假用户（spammers）指的是托攻击者通过注入攻击概貌形成的虚假用户。托攻击用户每注入一个攻击概貌则相当于向系统中伪造了一个虚假用户。

3.3　社会化推荐系统中的托攻击建模

社会化推荐系统开放性的特点使其容易受到托攻击者注入虚假评分与虚假关系的影响。为了研究社会化推荐系统中的安全性问题，本章对社会化推荐系统中的托攻击进行归纳与建模，提出面向社会化推荐系统的托攻击模型。

3.3.1　托攻击建模

托攻击者通过伪造用户概貌达到向系统中注入虚假用户的目的，为了保持高效的攻击效果并降低攻击成本，托攻击者需要从社会化推荐系统的工作原理入手，提出面向社会化推荐系统的托攻击模型，本章从攻击者的角度对托攻击进行建模。

现有社会化推荐系统大多基于协同过滤算法[13]，即关注如何将社交关系融入传统的推荐系统中，所以社会化推荐系统的输入包括评分矩阵 R 与关系矩阵 S，如图 3.1 所示。

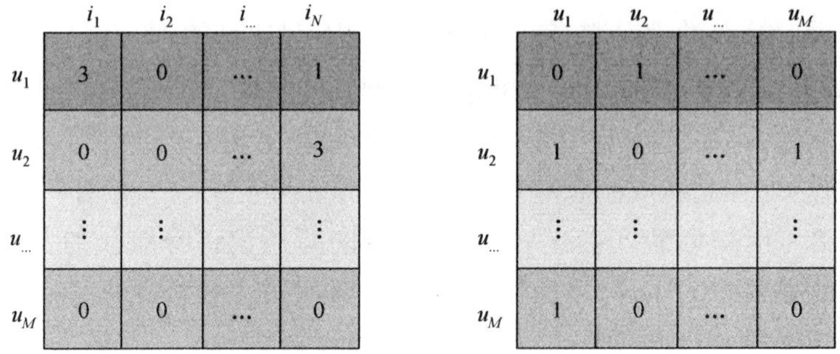

	i_1	i_2	$i_{...}$	i_N
u_1	3	0	...	1
u_2	0	0	...	3
$u_{...}$	⋮	⋮	⋮	⋮
u_M	0	0	...	0

	u_1	u_2	$u_{...}$	u_M
u_1	0	1	...	0
u_2	1	0	0	1
$u_{...}$	⋮	⋮	⋮	⋮
u_M	1	0	...	0

图 3.1　评分矩阵与关系矩阵

本书主要关注基于模型的社会化推荐算法，原因有两个：①基于模型的推荐算法一般具有比基于存储的推荐算法更好的抗攻击能力，且在实际中应用较为广泛，所以考虑先对基于模型的社会化推荐算法进行研究；②基于存储的社会化推荐算法直接利用关系进行推荐，所以需要分析真实用户对虚假用户的反向关注行为，即需要讨论正常用户有多大的概率关注虚假用户。但是实际环境中虚假用户与真实用户之间关系的作用机制较难通过仿真手段进行刻画，因此本书假定真实用户对虚假用户不会建立反向关注。因此研究关系起到传递作用的基于模型的社会化推荐系统中的托攻击检测问题更具有代表性。

图 3.2 揭示了托攻击者的攻击行为，托攻击者向系统中注入虚假用户，从而与真实用户建立社交关系，然后在此基础上注入虚假评分，进而将虚假评分信息扩散到真实用户群体中，达到改变推荐系统的预测评分，进而获取经济利益的目的。

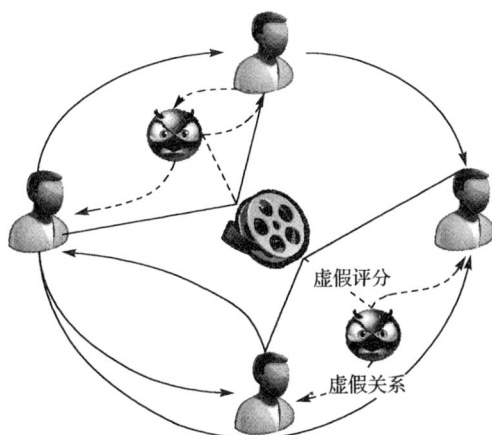

图 3.2　托攻击者的攻击行为

从图 3.2 可以发现，托攻击者的行为包括评分注入与关系注入两类，而社会化推荐系统中用户概貌是用户的存在形式，所以托攻击者可以注入伪造的用户概貌，达到向系统注入虚假欺骗信息的目的，这是托攻击的基本原理。

托攻击模型的实质是用于构造伪造的用户概貌的技术，主要包含虚假评分的注入策略与关系注入策略。类似于推荐系统托攻击模型的研究，本书首先给出虚假用户攻击概貌的基本形式，然后提出用于注入攻击概貌的托攻击模型。

1）社会化推荐系统攻击概貌形式

虚假用户的攻击概貌分为两个部分，即评分攻击概貌与关系攻击概貌。其中评分攻击概貌包括四个部分：选择项目集合 I_S、装填项目集合 I_F、未评分项目集合 $I_\varnothing$ 以及目标项目集合 I_t。关系攻击概貌包括两个部分：击中用户集合 F_H 和未击中用户集合 $F_\varnothing$。

表 3.3 中涉及一些基本术语，下面对其进行定义。

表 3.3　社会化推荐系统攻击概貌

评分攻击概貌				关系攻击概貌	
选择项目 集合 I_S	装填项目 集合 I_F	未评分项目 集合 $I_\varnothing$	目标项目 集合 I_t	击中用户 集合 F_H	未击中用户 集合 $F_\varnothing$

定义 3.11　目标项目（target item）指的是托攻击者选择的用于攻击的项目。一般用于提高该项目的推荐频率（推攻击）或者降低该项目的推荐频率（核攻击）。

定义 3.12　装填项目（filler item）指的是托攻击者为防止概貌过于稀疏而随机选择的项目。装填项目的集合记为 I_F。

定义 3.13　选择项目（selecting item）指的是托攻击者为了达到提高攻击效果的目的而精心选择的项目。选择项目的集合记为 I_S。

定义 3.14　评分攻击模型（rating attack model）指的是托攻击者向系统中注入虚假评分概貌所使用的手段，一般从用户选择项目的方式和给项目评分的方式刻画一个攻击模型，评分攻击模型即推荐系统中的托攻击模型。

定义 3.15　评分装填规模（rating filler size）指的是评分攻击概貌中装填项目集合 I_F 中元素的个数与系统中所有项目的个数的比值。

定义 3.16　评分选择规模（rating selecting size）指的是评分攻击概貌中选择项目集合 I_S 中元素的个数与系统中所有项目的个数的比值。

定义 3.17　评分攻击规模（rating attack size）指的是托攻击者实施一次攻击时注入的评分攻击概貌数量与正常用户评分概貌数量的比值。

定义 3.18　击中用户（hit users）指的是托攻击者选择建立虚假社交关系的用户，即托攻击者尝试建立社交关系的正常用户。击中用户的集合记为 F_H。其他没有建立社交关系的用户称为未击中用户，记为 $F_\varnothing$。

定义 3.19　关系击中率（relationship hit ratio）指的是关系攻击概貌中击中用户集合 F_H 中元素的个数与系统中所有用户数量的比值。即选择建立社交关系的用户数与系统中用户数量的比值。

2）用于构造攻击概貌的托攻击模型

为了构造攻击概貌以成为系统中的虚假用户，托攻击者需要使用托攻击模型注入用户概貌。将托攻击模型形式化为如下的二元组：Social shilling attack model= <Rating attack model, Relationship attack model>，即评分攻击模型与关系攻击模型的组合，也称为协同攻击模型。

评分攻击模型即注入评分攻击概貌的方式，可以进一步表示为如下的二元组：Rating attack model=<ss, sf, rt, rs, rf>，其中 ss 和 sf 为托攻击者对选择项目集合 I_S 和装填项目集合 I_F 中元素进行选择的策略，一般 sf 为随机选择方式，即从推荐系统所有的项目中进行随机选择以构成装填项目集合；ss 需要结合具体的攻击模型而制定具体的选择策略。rt、rs 和 rf 为托攻击用户对项目的评分方式。其中，rt 为托攻击者对目标函数的评分函数，在推攻击中 $rt(I_t)=r_{max}$，核攻击中 $rt(I_t)=r_{min}$。这样做的目的是使得攻击目标的评分最大（最小）化，不失一般性，后面的讨论中主要针对的是推攻击的情况。rs 与 rf 为托攻击用户对选择项目集合 I_S 和装填项目集合 I_F 中元素进行评分的函数，需要根据具体的攻击模型制定评分策略。

关系攻击策略即注入关系攻击概貌的方式，可以进一步形式化为 Relationship attack model=<sh>。sh 为托攻击者与真实用户建立关系的策略，即选择哪些虚假用户与他们建立社交关系。

当评分攻击模型与关系攻击模型确定好了以后，托攻击者就可以生成如图 3.2 所示的攻击概貌，进而生成虚假用户以对系统进行攻击。因为托攻击者可以仅注入虚假评分或虚假关系，所以面向社会化推荐系统中的托攻击模型包括三种：评分攻击模型、关系攻击模型和协同攻击模型。其中评分攻击模型表示托攻击者不注入关系攻击概貌，关系攻击模型表示托攻击者不注入评分攻击概貌，协同攻击模型表示托攻击者同时注入关系攻击概貌与评分攻击概貌，得到完整的攻击概貌。以上三种攻击模型可以使用上述的二元组进行统一表示。

3.3.2　攻击策略研究

从 3.3.1 节可知面向社会化推荐系统的托攻击模型主要包括两个部分，即生成评分攻击概貌的评分攻击模型和生成关系攻击概貌的关系攻击模型。由于现有研究者在传统推荐系统中已经提出了虚假评分的注入策略，即评分攻击模型已有相关工作进行讨论，所以本节重点关注如何生成关系攻击概貌，即关系攻击模型。

1）评分攻击模型

评分攻击模型的目的是考虑如何将虚假评分注入系统，以生成评分攻击模型，从而影响推荐结果。托攻击者的评分攻击行为如图 3.3 所示，用户与项目之间的关系可以看成一个二部图，为了达到评分攻击的目的，托攻击者对部分商品评分从而形成评分攻击概貌。不同的选择方式与评分方式构成不同的攻击模型。

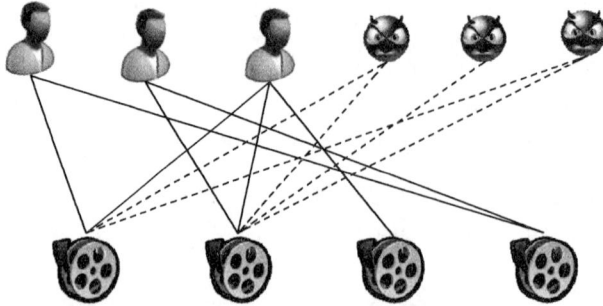

图 3.3　托攻击者的评分攻击行为

托攻击者的评分攻击行为在传统推荐系统中已有研究，常用的评分攻击模型如表 3.4 所示，主要包括随机、平均、流行与分段评分攻击[57]等。其中，随机评分攻击与平均评分攻击没有选择项目集合 I_S，这两种攻击形式随机选择项目作为装填项目 I_F，随机评分攻击给装填项目一个随机分，而平均评分攻击则给装填项目赋予项目的平均分。流行评分攻击在随机评分攻击的基础上，增加了选择项目集合 I_S。这里的选择项目集合由最流行项目构成，相应的评分函数是赋予每个选择项目最高分。分段评分攻击的选择项目是与目标项目类似的项目，相应的评分函数是赋予最高分，装填项目是随机选择的项目，赋予的评分是最低分。相应的攻击策略如表 3.4 所示。

表 3.4　常见的评分攻击模型

攻击模型	I_S（选择项目）	I_F（填充项目）	I_t（目标项目）
随机评分攻击	$\varnothing$	随机选择项目 $rf(I_F)=r_{random}$	$rt(I_t)=r_{max}/r_{min}$
平均评分攻击	$\varnothing$	随机选择项目 $rf(I_F)=r_{random}$	$rt(I_t)=r_{max}/r_{min}$
流行评分攻击	最流行项目 $rs(I_S)=r_{max}$	随机选择项目 $rf(I_F)=r_{random}$	$rt(I_t)=r_{max}/r_{min}$
分段评分攻击	与目标项目类似的项目 $rs(I_S)=r_{max}$	随机选择项目 $rf(I_F)=r_{min}$	$rt(I_t)=r_{max}/r_{min}$

2）关系攻击模型

与评分攻击模型类似，关系攻击模型的目的是在最小化攻击成本的基础上，生成用户关系攻击概貌。在社会化推荐系统中，托攻击者通过注入虚假关系，从而影响与之关联的正常用户。

图 3.4 给出的是托攻击者注入虚假关系后成为系统中虚假用户的过程。可以发现虚假用户能够与真实用户构成社交关系，同时真实用户也会以一定的概率对虚假用户建立反向关系。本书仅考虑虚假用户的构建虚假关系，而简化了其他因素。同时我们仅考虑用户间可建立单向关注关系的网络，但是相应的研究可以很容易扩展到用户之间仅存在双向朋友关系的网络中，如 QQ、Facebook 等社交网络。

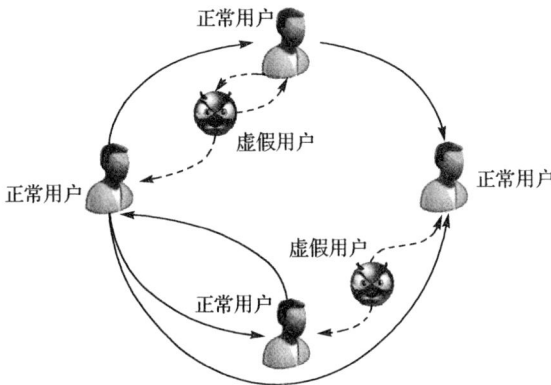

图 3.4　托攻击者的关系攻击行为

首先对虚假用户的关系攻击概貌进行分析，可以得到如表 3.5 所示的关系攻击概貌的一般形式。

表 3.5　关系攻击概貌常见形式

击中用户集合 F_H			未击中用户集合 $F_\varnothing$		
F_H^1	$\cdots$	F_H^J	$F_\varnothing^1$	$\cdots$	$F_\varnothing^{M-J}$

从表 3.5 可以发现，击中用户集合包括 J 个用户，这 J 个用户是托攻击用户选择建立关系的用户集合，其中每一个元素 F_H^j 的值为 1。未击中用户集合是剩下的 $M-J$ 个用户构成的集合，其中，M 为系统中用户的数量，每一个元素 $F_\varnothing^j$ 的值为 0。

定义 $\dfrac{J}{M}$ 为关系击中率，即击中用户集合中用户数量与系统中所有用户数量的比值。托攻击者对击中用户集合不同的选择策略构成了不同的关系攻击模型。一种较为直观的关系攻击方式是随机选择正常用户并与之建立关注关系；也可借鉴小世界现象在虚假用户间相互关注，提高虚假用户邻居内聚性，在一个群里面建立关系；或借鉴无尺度网络的特性选择一定概率注入与名人间的关系达到名人效应，与名人建立关系；以及借鉴社交网络其他特性的一些注入方式和混合注入方式等。

这里提出两种关系攻击策略。因为托攻击者仅了解有限的用户信息，如某用户的关注数量和被关注数量等，所以最简单的攻击方式是随机选择或者按照用户的关注度大小选择正常用户进行攻击。借鉴网络形成的 ER（Erdas-Renyi）模型与 BA（Barabasi-Albert）模型[52]，提出如下的关系攻击模型。

（1）随机关系攻击模型。在这种模型中，托攻击者等概率地对系统中的真实用户进行随机选择从而构成击中用户集合 F_H，即

$$P(u_i) = \frac{1}{M} \qquad\qquad (3.1)$$

其中，u_i 是虚假用户与系统中正常用户 i 建立关系的概率；M 为系统中的用户数量。

（2）流行关系攻击模型。在这种模型中，托攻击者按照当前用户的流行程度对系统中的真实用户进行选择从而构成击中用户集合 F_H。这种模型中托攻击者参照用户的粉丝数对正常用户进行选择，优先选择那些名人作为朋友，即

$$P(u_i) = \frac{F(u_i)}{c} \qquad\qquad (3.2)$$

其中，$F(u_i)$ 是用户 i 的粉丝数目，代表了这个用户的流行度；c 是归一化因子，是系统中所有正常用户的粉丝数目集合，目的是使得托攻击者选择概率能够归一。流行关系攻击的攻击成本高于随机关系攻击。

当托攻击者使用关系攻击模型时，就可以构造关系攻击概貌向系统中注入虚假用户，达到将虚假信息借由关系网络传递的目的。

3）协同攻击模型

社会化推荐系统中的托攻击者可以仅注入评分攻击概貌或关系攻击概貌以生成虚假用户。为了达到更好的攻击目的，托攻击者可以将评分攻击模型和关系攻击模型进行结合，得到协同攻击模型以生成包含虚假评分与虚假关系在内的虚假用户的攻击概貌。

协同攻击模型是评分攻击模型与关系攻击模型结合的产物。社会化推荐系统中正常用户包括评分概貌与关系概貌，所以托攻击者可以通过协同攻击模型

注入两方面的信息以伪装成为虚假用户。如果托攻击者不注入虚假评分或虚假关系，那么相应的位置为空，所以协同攻击模型是社会推荐中更为普遍的攻击形式。常见的协同攻击模型形式如表 3.6 所示。

表 3.6　常见的协同攻击模型形式

关系攻击模型	评分攻击模型
	随机评分攻击
随机关系攻击	平均评分攻击
	流行评分攻击
	分段评分攻击
	随机评分攻击
流行关系攻击	平均评分攻击
	流行评分攻击
	分段评分攻击

托攻击者可以通过评分攻击模型、关系攻击模型与两者结合的协同攻击模型向系统中注入虚假用户的攻击概貌。本章在 3.4 节将重点讨论社会化推荐算法受各类攻击时的影响，以分析不同模型的攻击效果。

3.4　实验与结果分析

为了分析提出的托攻击模型对社会化推荐系统的攻击效果，本节选择基于模型的社会化推荐算法进行测试，分析算法在受到托攻击前后的偏移，从而得到所提模型的攻击效果。

3.4.1　实验设置

1）数据集

本章采用社会化推荐研究中常用的 FilmTrust 数据集[54]。FilmTrust 是从真实系统中爬取的数据集，包含数据对电影的评分数据和用户间的信任关系。在 FilmTrust 中，用户给电影的评分范围是 0.5～4 分，共八个等级。用户与用户之间的关系是一个二元关系，即 1 表示信任关系，0 表示没有信任关系。

数据集中包含 1508 个用户对 2071 个项目的 35497 个评分信息和 1632 条用

户之间的信任关系信息。其中评分数据的稀疏度是 1.1366%，说明一个用户平均给 23.54 个项目评分；关系数据的稀疏度是 0.0718%，说明一个用户平均与 1.08 个用户建立信任关系。

2）评价指标

为了分析托攻击模型对社会化推荐算法的攻击效果，使用预测评分偏移量（prediction shift）、命中率偏移量（hit ratio shift）作为指标进行分析。预测评分偏移量[32]指的是目标项目在受到攻击前后预测评分的变化，可以使用式（3.3）定义，即

$$\text{predition shift} = \frac{\sum_{i \in I} \sum_{u \in U} \text{abs}(p'_{u,i} - p_{u,i})}{|U| \times |I|} \tag{3.3}$$

其中，$p'_{u,i}$ 是受到攻击后的预测评分；$p_{u,i}$ 是受到攻击前的预测评分；$\text{abs}(\cdot)$ 表示绝对值；$|\cdot|$ 表示集合的元素个数；U 是选定的用户集合；I 是选定的目标项目集合。

预测评分偏移量能够反映攻击对算法的影响，但是高预测评分偏移量不一定意味着目标项目出现在推荐列表中。由于实际系统往往以推荐列表的形式向用户展示结果，所以本章还使用命中率偏移量[18]作为评价指标。

命中率偏移量指的是攻击前后目标项目出现在推荐列表中数量的变化，可以使用式（3.4）进行定义，即

$$\text{hit ratio shift} = \frac{\sum_{u \in U} \text{abs}(H'_u - H_u)}{|U|} \tag{3.4}$$

其中，H'_u 是受到攻击后目标项目出现在用户 u 列表中的次数；H_u 是受到攻击前目标项目出现在用户 u 列表中的次数。

3）实验方案

本章使用三种典型的基于模型的社会化推荐算法来进行分析，这三种算法分别是 SocialMF[56]、SoRec[55] 和 RSTE[29]。其中 SocialMF 利用用户的社交关系并结合正则化方法使得用户与社交好友的偏好向量一致；SoRec 采取用户评分矩阵与用户关系矩阵协同分解的方式对缺失评分进行预测；RSTE 是典型的集成方法，这种方法认为用户对项目的评分是用户自己的评分与社交好友评分的组合。

采用随机评分攻击、平均评分攻击、流行评分攻击和分段评分攻击作为虚

假评分注入策略，使用随机关系攻击和流行关系攻击作为虚假关系注入策略，然后分析两两组合的协同攻击模型对算法的攻击效果。

为了验证效果，将系统中 80% 的数据作为训练集，剩下 20% 的数据作为测试集。然后随机选择 20 个项目依次作为攻击的目标项目，对每次选择的目标项目，在训练集中选择 50 个用户的预测评分偏移量和命中率偏移量作为实验结果进行记录。将此次实验进行 100 次，取平均值后得到该目标项目下的最终结果。

3.4.2　实验结果分析

1）评分攻击模型对社会化推荐的影响

下面主要讨论四种典型的虚假评分攻击模型：随机评分攻击、平均评分攻击、流行评分攻击以及分段评分攻击对 SocialMF、SoRec 和 RSTE 算法的影响。此处固定评分装填规模为 5%，同时取评分攻击规模为 1%~15%，分析算法受到攻击前后的评分偏移量与命中率偏移量。其中，评分装填规模为评分概貌中装填项目数量与系统所有项目数量的比例，评分攻击规模为注入的虚假用户的攻击概貌与真实用户概貌的数量比。此处，每一个虚假用户将仅有评分攻击概貌，而没有关系攻击概貌，即不考虑虚假关系影响。

图 3.5 是 SocialMF 在受到攻击前后评分偏移量随着攻击规模的变化，SocialMF 是典型的基于正则化的社会化推荐算法。从中可以发现，平均攻击是最有效的评分攻击手段，同时评分偏移量随着攻击规模的增加不断增加。而分段攻击与流行攻击则受攻击规模影响不大。图 3.6 是 SocialMF 的命中率偏移量的变化。从图中可以发现，流行评分攻击与平均攻击的偏移量大部分情况下可以达到 50%，本书固定每次的目标项目为 1，所以目标项目至少出现在一半用户的类标中，可以发现攻击是十分有效的。这种效果不仅体现在评分上，也体现在用户社交关系对评分的放大作用上，关于其中内在的机制值得进一步研究。

SoRec 是典型的基于协同分解的社会化推荐算法。从图 3.7 可以发现，SoRec 的预测评分偏移量基本保持与 SocialMF 类似的规律，但是随机攻击的效果也不随着攻击规模变化，同时可以发现 SoRec 的预测评分偏移量均小于 SocialMF，说明虚假评分对 SoRec 的影响不及 SocialMF，原因可能是协同分解中关系对虚假评分的传播效果不及正则化来得直接。从图 3.8 中发现分段攻击造成的命中率偏移量随着攻击规模先下降后升高，而平均攻击的命中率偏移量则先升高后下降。同时，整体而言命中率也没有 SocialMF 效果强。

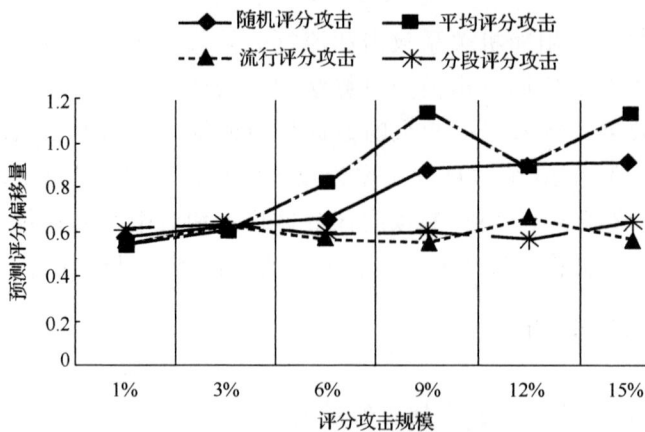

图 3.5　SocialMF 预测评分偏移量

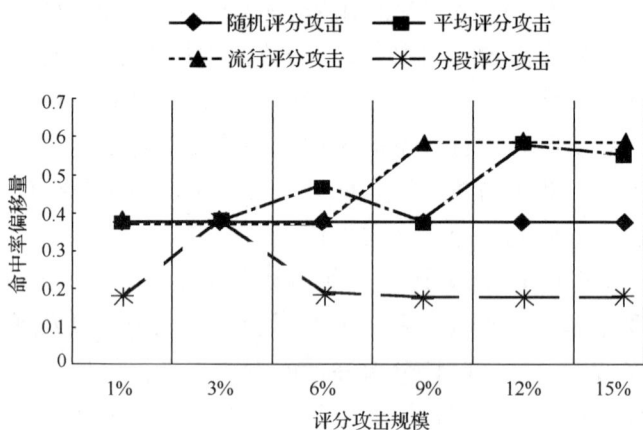

图 3.6　SocialMF 命中率偏移量

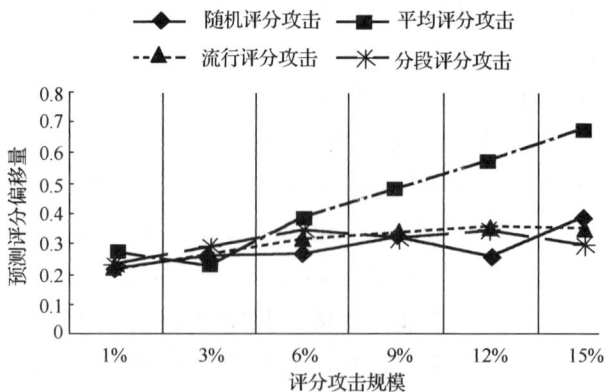

图 3.7　SoRec 预测评分偏移量

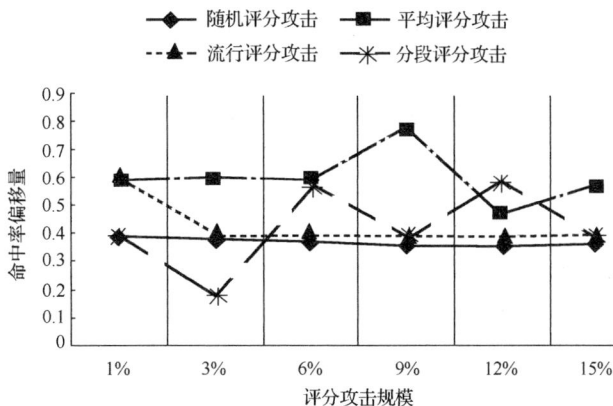

图 3.8　SoRec 命中率偏移量

　　RSTE 是典型的基于集成的社会化推荐算法。从图 3.9 和图 3.10 可以发现评分攻击模型对 RSTE 的效果与 SoRec 类似，同时预测评分偏移量与命中率偏移量小于 SoRec。这个原因可能是 RSTE 对关系的利用是加权的，即用户自身的影响可能大于关系影响，从而使得 RSTE 的抗攻击能力较强，所以虚假评分对 RSTE 的评分偏移量与命中率偏移量均小于其他两种推荐算法。

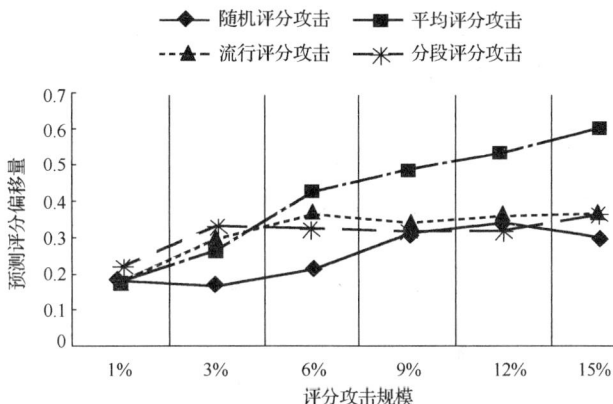

图 3.9　RSTE 预测评分偏移量

　　2）虚假关系攻击对社会化推荐算法的影响

　　托攻击者注入虚假关系可能造成社会化推荐系统算法出现偏差。这里采用随机关系攻击和流行关系攻击对 SocialMF、SoRec 和 RSTE 这三种典型的社会化推荐算法进行攻击，分析关系击中率从 1‰~10%变化时预测评分偏移量的变化。其中，关系击中率是指关系概貌中选择建立关系的用户的数量与系统中总体用户数量的比值，同时分析注入的关系攻击概貌规模在 5%、10%和 20%时的预测评分与命中率的变化。

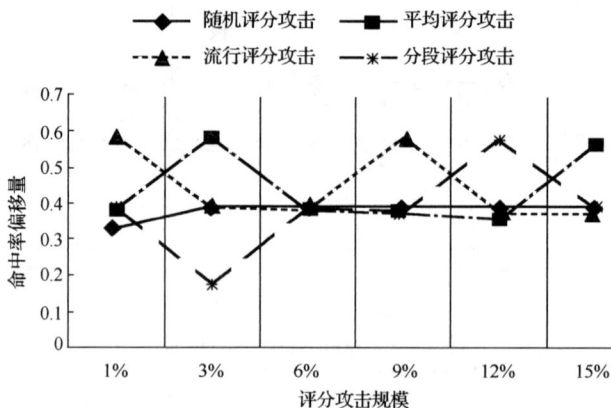

图 3.10　RSTE 命中率偏移量

（1）随机关系攻击影响分析。

图 3.11 是 SocialMF 算法遇到随机关系攻击时预测评分偏移量的变化情况，图 3.12 是 SoRec 算法的预测评分偏移量的变化情况，图 3.13 是 RSTE 算法的预测评分偏移量的变化情况。从中可以发现，SocialMF 受到虚假关系攻击的影响最大，这个分析结果与上面的分析结果保持一致，即 SocialMF 对关系的利用程度最大，所以虚假关系对 SocialMF 会造成更大的威胁。但是 SocialMF 与 RSTE 在随着关系击中率增长时，预测评分偏移量并没有明显的变化。但是 SoRec 的预测评分偏移量会随着关系击中率增长呈现增长趋势，这证实了虚假关系对社会化推荐的影响是确实存在的。

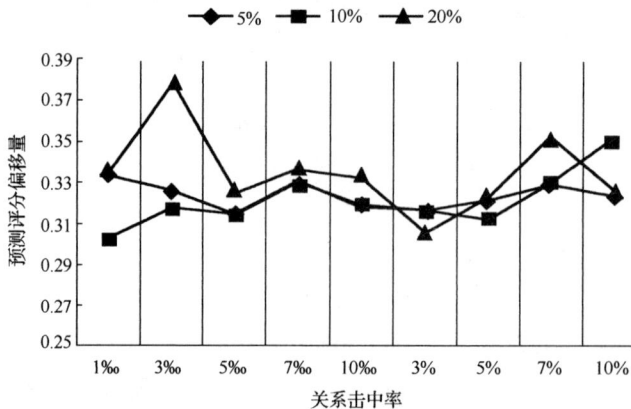

图 3.11　随机关系攻击下 SocialMF 的预测评分偏移量

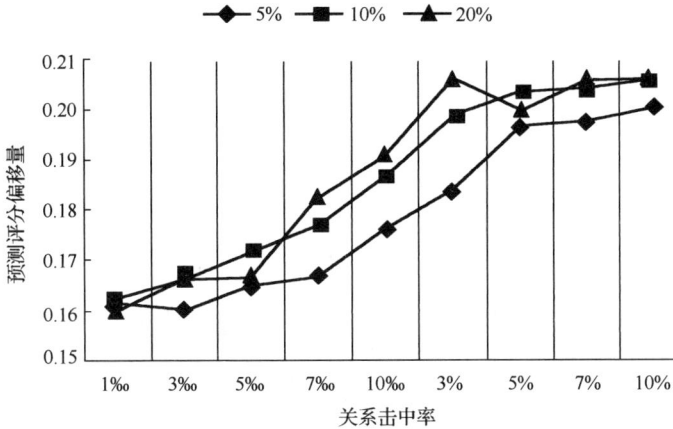

图 3.12　随机关系攻击下 SoRec 的预测评分偏移量

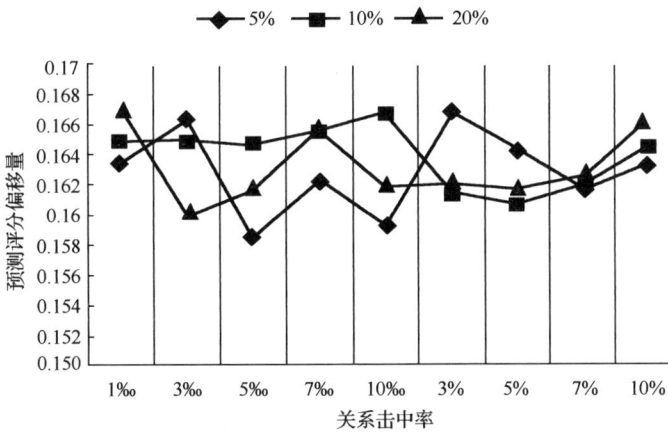

图 3.13　随机关系攻击下 RSTE 的预测评分偏移量

　　同时，并不是注入的虚假用户越多，攻击效果就越好。SocialMF 和 SoRec 会随着注入虚假用户数量的增加而增加，但是 RSTE 的结果发现，适量地注入虚假用户才会造成更大的影响。造成这个结果的原因是没有考虑虚假用户之间的关系注入，这会在后期进一步进行探讨。

　　（2）流行关系攻击影响分析。

　　图 3.14 是 SocialMF 算法受到流行关系攻击时预测评分偏移量的变化情况，图 3.15 是 SoRec 算法的预测评分偏移量的变化情况，图 3.16 是 RSTE 算法的预测评分偏移量的变化情况。流行关系攻击的影响与随机关系攻击的影响类似，但是存在一些独特的特点，首先 SocialMF 在流行关系攻击下的幅度低于随机关

系攻击，而 SoRec 与 RSTE 有一定程度的提高。其次，在关系击中率较低的情况下，随着攻击规模的增长，攻击效果变好，但是当攻击规模较高时，则呈现相反的结论。

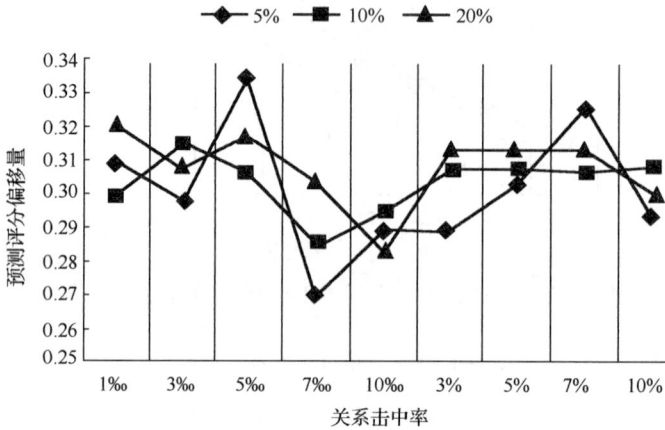

图 3.14　流行关系攻击下 SocialMF 的预测评分偏移量

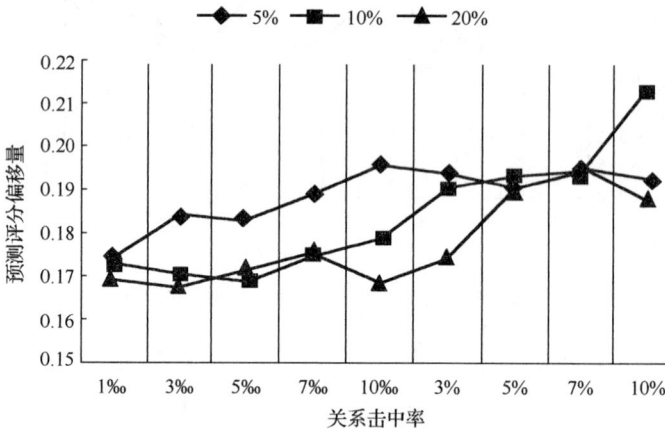

图 3.15　流行关系攻击下 SoRec 的预测评分偏移量

3）协同攻击对社会化推荐算法的影响

托攻击者可以结合评分攻击策略与关系攻击策略从而形成协同攻击模型，即同时注入虚假评分与虚假关系，使得社会化推荐系统的性能受到影响。这里固定攻击规模与装填规模为 5%，对于流行评分攻击与分段评分攻击而言，采用的是规模固定为 1%时的预测评分偏移量随着关系注入率的影响。当关系击中率为 0‰时说明只有虚假评分注入，没有虚假关系注入。注意在协同攻击情况下，虚假用户的攻击概貌既包含评分攻击概貌又包括关系攻击概貌。

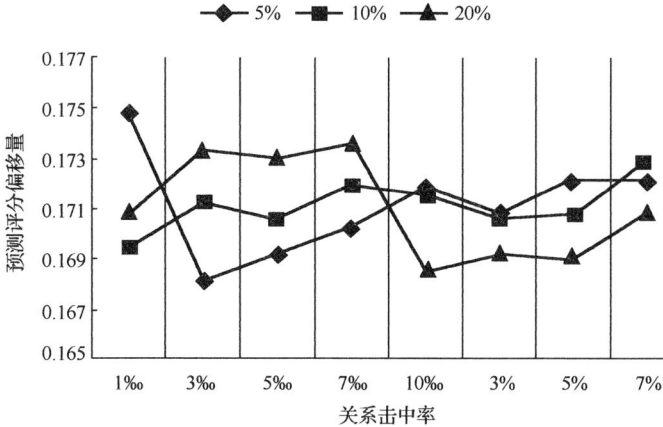

图 3.16 流行关系攻击下 RSTE 的预测评分偏移量

表 3.7～表 3.10 是协同攻击下三种典型的社会化推荐算法的预测偏移量的取值情况。表 3.7 是随机评分攻击模型结合不同关系攻击模型的协同攻击模型下的评分偏移量，表 3.8 是平均评分攻击模型结合不同关系攻击模型的协同攻击下的评分偏移量，表 3.9 是流行评分攻击模型结合不同关系攻击模型的协同攻击下的评分偏移量，表 3.10 是分段评分攻击模型结合不同关系攻击模型的协同攻击下的评分偏移量。

表 3.7 随机评分攻击+关系攻击下的评分偏移

关系击中率/‰		随机关系攻击				流行关系攻击		
	0	3	6	9	12	3	6	9	12
SocialMF	0.84	1.05	1.25	1.04	1.00	1.12	1.08	0.88	0.98
SoRec	0.29	0.29	0.24	0.25	0.27	0.38	0.19	0.37	0.38
RSTE	0.23	0.27	0.29	0.28	0.26	0.22	0.27	0.26	0.25

表 3.8 平均评分攻击+关系攻击下的评分偏移

关系击中率/‰		随机关系攻击				流行关系攻击		
	0	3	6	9	12	3	6	9	12
SocialMF	0.98	1.01	0.93	1.15	0.73	0.82	1.08	0.80	0.92
SoRec	0.47	0.45	0.49	0.43	0.51	0.45	0.45	0.43	0.41
RSTE	0.48	0.46	0.51	0.47	0.50	0.45	0.45	0.46	0.52

表 3.9　流行评分攻击+关系攻击下的评分偏移

关系击中率/‰		随机关系攻击				流行关系攻击			
	0	3	6	9	12	3	6	9	12
SocialMF	0.50	0.48	0.54	0.50	0.62	0.51	0.57	0.51	0.57
SoRec	0.33	0.35	0.33	0.35	0.34	0.31	0.32	0.38	0.35
RSTE	0.33	0.35	0.36	0.36	0.34	0.35	0.35	0.36	0.36

表 3.10　分段评分攻击+关系攻击下的评分偏移

关系击中率/‰		随机关系攻击				流行关系攻击			
	0	3	6	9	12	3	6	9	12
SocialMF	0.54	0.59	0.53	0.49	0.44	0.52	0.52	0.51	0.50
SoRec	0.34	0.35	0.35	0.36	0.36	0.33	0.33	0.34	0.34
RSTE	0.36	0.34	0.35	0.34	0.37	0.34	0.34	0.34	0.33

从表 3.7～表 3.10 可以发现，SocialMF 是最容易受到协同攻击模型的影响的算法，这与上面的两个实验吻合。结合平均评分攻击模型的协同攻击模型是攻击能力最强的形式。同时结合随机关系攻击模型的协同攻击模型一般好于结合流行关系攻击模型的协同攻击模型，但是当关系击中率较低时，这个结论不一定成立。

同时，表 3.7 说明，结合随机评分攻击模型的协同攻击模型的攻击效果随着关系击中率增长会呈现波动，其中的原因可能是关系与评分的影响在不断地竞争，从而产生波动，但是协同攻击模型均好于单独注入评分的攻击方式。表 3.8 说明，在平均评分攻击模型下，结合随机关系攻击模型的协同攻击模型的攻击效果好于结合流行关系攻击模型的协同攻击模型。表 3.9 的结果则正好相反，在流行评分攻击模型下，结合随机关系攻击模型的协同攻击模型的攻击效果不如结合流行关系攻击模型的协同攻击模型。表 3.10 则与表 3.7 的结论类似，不过注入关系之后，攻击效果反而降低，这个结论启发我们虚假关系不仅起到操纵评分的作用，还可能无形中降低关系的稀疏度，提高预测准确性。

综合以上结论可以发现，本书提出的三种面向社会化推荐系统的托攻击模型（评分攻击模型、关系攻击模型与协同攻击模型）确实能够起到攻击的效果，同时随机关系模型与流行关系模型能够增强单纯评分攻击下的攻击效果，这个结果带来两个启发：①提出的托攻击模型能够归纳托攻击者的部分攻击行为，从而可用于训练分类器，以对系统中的攻击概貌进行检测；②社交关系在社会化推荐系统中起的作用是多元的，探讨关系对社会化推荐的种种影响值得更为深入的研究，这也将是后续研究的一个方向。

3.5　本章小结

社会化推荐系统同时受到评分与关系驱动，能够改善基于评分的推荐系统的推荐结果。但是社会化推荐系统开放性的特点使其容易受到虚假信息的干扰。本章首先通过一个例子引出社会化推荐系统中的托攻击问题，然后对可能的攻击形式进行了概括，提出了面向社会化推荐的托攻击模型，尤其是针对性地提出关系注入策略以及评分攻击与关系攻击结合的协同攻击模型。最后通过实验分析所提模型对社会化推荐算法的攻击效果。后续的章节中，将对社会化推荐系统中的托攻击进行检测，从而达到维护社会化推荐正常运行的目的。

第4章 基于流行度分类特征的推荐系统托攻击检测方法

4.1 引　言

本章关注传统评分驱动的推荐系统中的托攻击检测问题，从而为面向社会化推荐的托攻击检测提供评分视图的特征提取方法。协同过滤是推荐系统中广泛应用的一种技术，这种技术通过为目标用户寻找相似用户作为最近邻用户集合，然后利用最近邻用户集合的购买信息产生推荐结果[25]。这种工作模式在实际中十分有效，但是却容易受到托攻击（shilling attacks）[18]。托攻击是指托攻击者注入虚假评分并试图成为正常用户的最近邻，从而操作条件结果。托攻击有两种目的，即增加或者减少目标项目的推荐频率，分别称为推攻击和核攻击（push and nuke attacks）。如何防范和检测托攻击成为当前推荐系统研究领域的热点之一[32,35]。

托攻击者通过注入攻击概貌成为系统中的虚假用户，所以本书中将不对"虚假用户"与"攻击概貌"进行区分，因为一个虚假用户对应一个攻击概貌。如果把托攻击检测看成对正常用户与虚假用户进行分类，那么其中就涉及分类特征的选择，即通过寻找一系列的特征区分这两类用户[57,59]。当前使用的分类特征大多与用户对项目的评分有关，即从正常用户与虚假用户对项目评分的方式不同入手寻找相应的分类特征。利用此类分类特征有两个问题[57,59,61]：①某些正常用户与虚假用户的评分方式类似，容易造成对此类正常用户的误判；②实际中的攻击大多是经过混淆的，如对目标项目不评最高（低）分，而是评次高（低）分，或在原始评分基础上加入一个随机数作为噪声干扰，这样当前的检测指标难以胜任托攻击方式的各种变化。为了解决这一问题，本章从用户对评分项目的选择方式入手，提出基于流行度的托攻击分类特征。同时在本章中限定用户概貌为评分概貌，即关注评分驱动的推荐系统中的托攻击检测问题。

由于真实用户对项目的选择带有自己的偏好，而虚假用户则缺乏正常用户的购买动机，所以无论采用何种形式的攻击模型构造虚假用户的攻击概貌，托攻击者为了降低攻击需要的成本，大多是随机选择评分项目。由于实际系统中项目的评价次数或者称为项目流行度（item popularity）具有长尾效应[92]，应把两类用户购买记录中的项目流行度分布看成是以不同方式从项目流行度服从的长尾分布中抽样，并表示成为用户流行度向量的形式，就给从流行度角度进行托攻击检测提供了可能。

为此，首先统计项目的流行度，得到项目流行度服从的分布特性；然后，统计并分析常见托攻击模型下虚假用户的流行度分布与正常用户的流行度分布存在的差异，从而得到基于流行度的分类特征；最后，把这些特征作为分类特征，结合分类算法，得到基于流行度分类特征的托攻击检测算法，从而用于检测系统中存在的虚假用户。

本章的主要贡献在于：①分析推荐系统中项目流行度的分布特性；②把用户购买记录中的项目流行度表示为向量形式，然后统计用户的流行度值，从而研究正常用户与虚假用户流行度分布的差异；③根据两类用户流行度向量的差异，提出基于流行度的分类特征；④将基于流行度的分类特征与分类算法结合，形成托攻击检测算法，从而实现虚假用户的检测。

本章后续组织如下：4.2 节给出预备知识，4.3 节给出方法依据，4.4 节提出基于流行度的托攻击检测算法，4.5 节对实验进行分析与讨论，最后是总结。

4.2　预备知识

本节首先介绍一些基本的概念，然后介绍传统的用于检测托攻击的特征并分析现有特征存在的问题。

4.2.1　基本概念

定义 4.1　项目的流行度（item popularity）指的是系统中某项目被所有用户评分的次数。项目 i 的流行度可以记为 d_i。

定义 4.2　项目流行度分布（item popularity distribution）指的是系统中流

行度为 d 的项目所占的比例，P_d 可以定义为 $P_d = \dfrac{n_d}{n}$，其中 n_d 为 $d_i = d$ 的项目个数，即流行度为 d 的项目个数，n 为系统中项目的总个数。由于系统中的所有项目可以看成一个总体，所以 $\sum_{d=1}^{d=d_{max}} P_d = 1$，其中 d_{max} 为系统中项目流行度的最大值。

定义 4.3　用户关联项目集（user related item set, G_u）指的是某用户概貌中有评分项目的集合。例如，系统中有 3 个项目 i_1，i_2，i_3，某用户仅对系统中项目 1 和 3 进行了评分，那么该用户的关联项目集为 $G_u = (i_1, i_3)$。这个集合的大小记为 $|G_u|$，注意这里并没有将未评分项目的流行度包含进去。

定义 4.4　用户流行度向量（user popularity vector, D_u）指的是某用户关联项目集中的流行度组成的向量。用户流行度向量可以表示为 $D_u = (d_1, d_2, \cdots, d_{|G_u|})$ 流行度向量形式。定义 4.3 提到的例子中，用户 u 的流行度向量 $D_u = (d_{i1}, d_{i3})$。

定义 4.5　用户流行度分布（user popularity distribution, P_u）指的是用户流行度向量中流行度值为 d 的项目所占的比例。$P_u = (p_{u,1}, p_{u,2}, \cdots, p_{u,d_{max}})$，其中 $p_{u,i} = \dfrac{i}{n_u}$，n_u 是用户流行度向量 D_u 的大小，i 为用户流行度向量中值为 d 的项目的个数。

定义 4.6　用户流行度均值（Mean of User Popularity Degree, MUD）指的是用户流行度向量中元素的均值，用户的流行度均值可以记为 MUD_u，计算方法为 $MUD_u = \dfrac{1}{|D_u|} \sum_{d_i \in D_u} d_i$，即用户流行度向量的均值。

4.2.2　基于评分的推荐系统托攻击分类特征

下面将介绍传统的基于评分的推荐系统托攻击分类特征。这类特征的共同之处在于均是从用户概貌中项目评分的角度进行特征提取。概貌特征分为通用特征与针对特定攻击模型的特征两种。通用特征尝试从用户概貌中项目的评分特性中进行统计，得到区分正常用户概貌与攻击概貌的属性。针对某种特定攻击模型的特征则结合具体的攻击模型，得到有针对性的属性。

本书将这种基于评分分布的特征称为基于评分的托攻击分类特征，而将本书中提出的特征称为基于流行度的托攻击分类特征。这两类不同特征的主要区别是前者是从用户概貌中项目的评分进行提取的，后者是以项目的流行度进行提取的，两类特征从用户概貌的不同角度进行特征提取。常见的通用型基于评分的托攻击分类特征包括 RDMA 和 DegSim。这两种特征的定义如下[57]。

1）RDMA

用户概貌的 RDMA 为用户给所有关联项目评分分值与系统中该项目评分均值之间差距的均值。研究者认为当托攻击者对系统了解有限时，其对项目的评分大多是通过赋予随机数或者平均数等，那么虚假用户与真实用户的 RDMA 就会出现差异，计算方法为

$$\mathrm{RDMA}_u = \frac{\sum_{i=1}^{|G_u|} \frac{\left| r_{u,i} - \overline{r_i} \right|}{\mathrm{NR}_i}}{|G_u|} \tag{4.1}$$

其中，G_u 是用户的关联项目集；$|G_u|$ 是关联项目集的大小；$r_{u,i}$ 是用户对项目 i 的评分值；$\overline{r_i}$ 是系统中用户对项目 i 的评分均值；NR_i 是系统中给项目 i 评过分的用户数量，其实就是该项目的流行度。

2）DegSim

用户概貌的 DegSim 指的是用户与 k 个最近邻用户之间的相似度平均值。研究者认为虚假用户与近邻的相似度高于普通用户，原因是虚假用户的目的是成为邻居近邻，才能使得虚假评分作用在邻居上。因此 DegSim 特征可以捕获虚假用户的相似度特性，计算方法为

$$\mathrm{DegSim}_u = \frac{\sum_{i \in N(u)} \mathrm{sim}(u,i)}{k} \tag{4.2}$$

其中，$N(u)$ 是用户 u 的 k 近邻；$\mathrm{sim}(u, i)$ 是用户 u 与用户 i 的相似度。

4.3　方　法　依　据

推荐系统中项目被评分的次数可以定义为项目的流行度，而正常用户与虚假用户对项目的评价或购买行为可以看成是从这些带有流行度的项目中进行抽样的结果。由于选择方式不同，导致两类用户之间的流行度分布不同，这是本书使用流行度分布进行托攻击检测的方法基础。首先介绍系统中项目符合的分布，然后分析由于选择行为的不同造成的用户流行度分布的不同。

4.3.1　项目流行度分布分析

用户对于项目的评分数据可以看成用户的行为数据，如本书研究 MovieLens 100K 数据集中电影的流行度，会发现少量电影被大多数人评价，如图 4.1 所示。

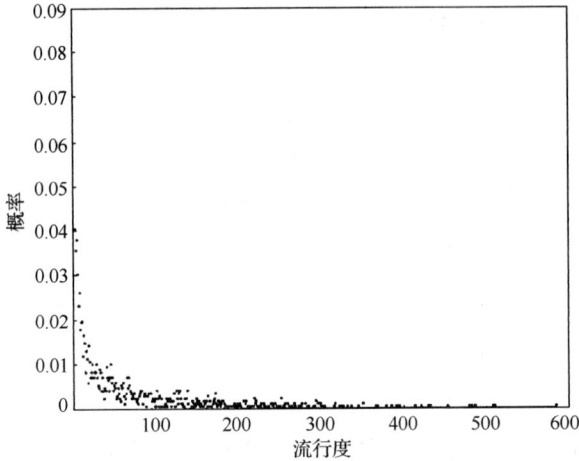

图 4.1　项目流行度分布

项目流行度可以认为是项目的评分次数，此处可以发现大部分电影评分次数集中在较低水平，而仅有少部分影片被大多数人观看，这个现象可以用长尾效应刻画。长尾效应其实被很多研究者、统计学家注意到，1932 年，哈佛大学的语言学家 Zipf 在研究英文单词的词频时发现，如果将单词出现的频率按照从高到低排名，每个单词出现的频率和它在热门排行榜中排名的常数次幂成反比[93]，它表明在英语单词中，只有极少数的词被经常使用，而绝大多数词很少被使用。周涛等[92]对人类行为的时空特性进行统计分析，发现人类时间行为的时间间隔分布呈现出长尾效应。这个分布在互联网领域上也称为长尾分布。Lü 等[94]进一步分析了复杂网络中存在的长尾效应，并对这种关系进行了建模。

从直观上判断项目的流行度分布有很厚的长尾，本书使用累计分布函数（Cumulative Distribution Function，CDF）的对比来进一步分析项目流行度满足的分布特性。首先，使用广义帕雷托分布进行拟合，得到理想的分布；然后，将实际的累计分布函数与理想分布的累计分布函数进行对比，得到图 4.2 的拟合效果对比图。

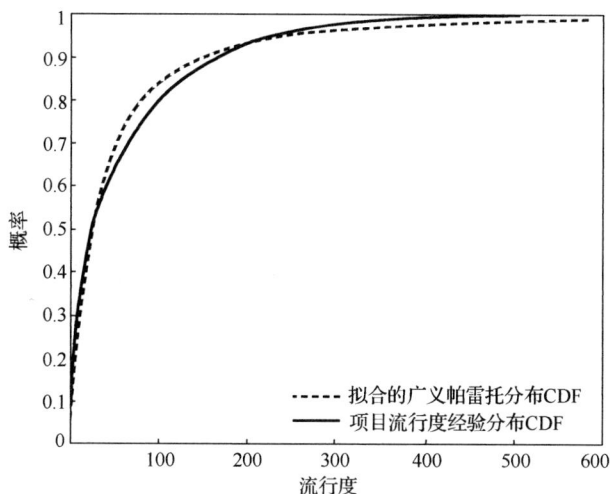

图 4.2 项目流行度分布拟合

本书的结论没有建立在理论分布基础上，而是基于项目流行度总体进行统计分析，所以不对项目流行度满足的广义帕雷托分布进行进一步假设检验。但是通过以上的累积分布函数拟合图可知，项目的流行度分布基本服从帕雷托分布，即可以认为项目流行度分布服从长尾分布。

通过上面的分析，可以得到一个结论：项目被关注（评分次数）的概率是不均等的，部分项目的关注概率远远高于其他项目。这就导致了攻击者在构建攻击概貌的时候，如果项目的选择是随机的，那么该用户流行度可能与虚假用户的流行度分布出现差异。

4.3.2 用户流行度分布分析

系统中项目的流行度分布具有长尾效应，所以不同的选择评分行为可能导致用户流行度分布呈现差异。为了对这个结论进行验证，首先对用户的选择进行行为分析，然后观察正常用户与虚假用户的流行度分布情况。

由于托攻击者对系统的了解有限，所以托攻击者可能有三种可能的选择行为[59]：①托攻击者随机在整个系统项目集合中选择项目进行评分，这种攻击方法如随机攻击与平均攻击，用户仅随机选择装填项目以构成攻击概貌；②托攻击者仅从系统中 Top-x% 的流行项目集合中选择项目进行评分，这种攻击方法如平均流行攻击，托攻击者从排名 x% 的项目集中选择以构成用户概貌；③托攻击者同时从整个项目集合和特定的项目集合中进行项目选择，这种攻击方法如流行攻击，托攻击者既从整个项目集合中选择项目构成装填项目集，又从流行度较高的项目中选择部分项目作为选择项目。

因此，仅考虑采用随机攻击、平均流行攻击以及流行攻击作为概貌注入手段的虚假用户的流行度分布作为分析，但是这种方法具有一般性的特点，能够推广到其他类型的攻击检测。

1）随机在整个系统项目集中选择项目进行评分情况分析

选择随机攻击模型作为基础，向系统注入评分攻击规模为 10% 的攻击概貌，分析装填规模为 3%、6% 以及 9% 时虚假用户的流行度分布与正常用户流行度的对比，得到图 4.3～图 4.5 的结果。

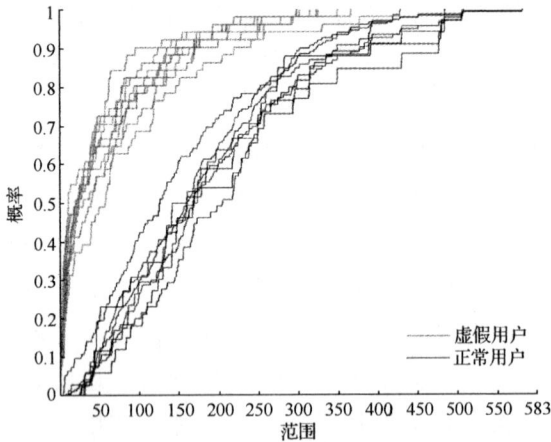

图 4.3　随机攻击用户流行度分布（3%）

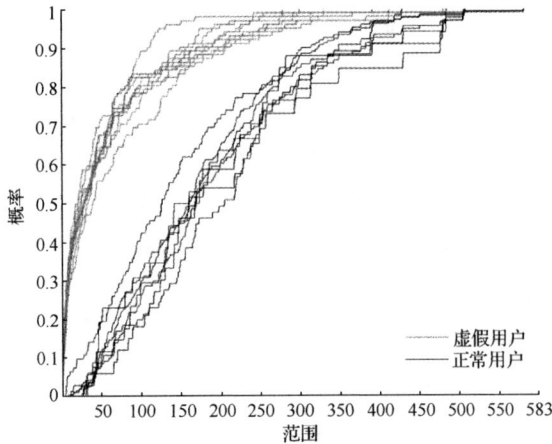

图 4.4　随机攻击用户流行度分布（6%）

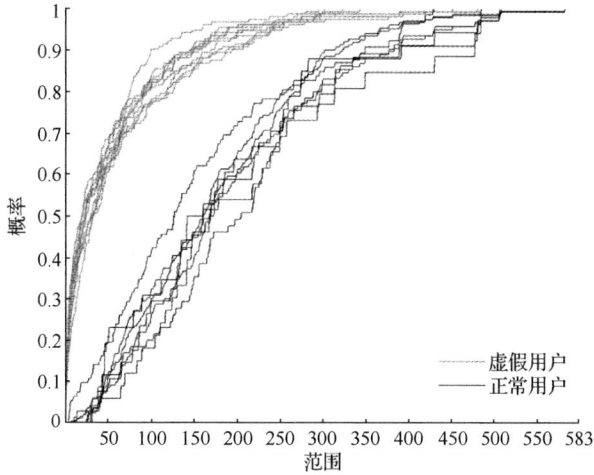

图 4.5　随机攻击用户流行度分布（9%）

图 4.3~图 4.5 中绘制了随机选择的 10 个正常用户以及 10 个虚假用户的流行度分布。可以发现，正常用户的流行度分布与虚假用户的流行度分布确实出现了差异。图 4.3 展示的是装填规模为 3%时的分布对比情况，而图 4.4 展示的是装填规模为 6%时的分布对比情况，图 4.5 展示的是装填规模为 9%时的分布对比情况。从中可以发现，尽管托攻击者选择的项目数量可能有变动，但是各种情况下，正常用户与虚假用户的流行度分布均有不同。

同时从中可以发现，正常用户的流行度分布较为均匀地分布在各个流行度区间，这说明正常用户的选择行为带有一定的偏好。如果托攻击者随机选择项目进行评分，那么注入的虚假用户流行度分布将大多集中于值较小的区域。这可以从抽样的角度理解，即项目流行度分布满足长尾分布，那么虚假用户将极有可能抽中占大比例的流行度较低的项目，所以出现累计分布集中在低流行度区域的现象。

2）从系统中 Top-x%的流行项目集中选择项目进行评分情况分析

选择平均流行攻击模型作为基础，向系统注入评分攻击规模为 10%的攻击概貌，分析 Top-x%为 20%、40%以及 60%时虚假用户的流行度分布与正常用户流行度的对比，得到图 4.6~图 4.8 的结果。

图 4.6~图 4.8 中绘制了 10 个正常用户以及 10 个来自平均流行攻击的虚假用户的流行度分布。图 4.6 展示的是从 Top 20%的流行项目随机选择时的分布对比情况，可以看到当从较高流行度分布的项目中进行选择时，虚假用户的流

行度分布集中在高流行度区间，而低流行度区间出现取值概率为 0 的情况。而图 4.7 展示的是从 Top 40%的流行项目随机选择时的分布对比情况，可以发现当流行度范围扩大时，虚假用户的流行度分布往低流行度区域靠近。图 4.8 展示的是从 Top 60%的流行项目随机选择时的对比情况，这时候可以发现此类虚假用户已经蜕化为基于随机攻击的虚假用户，因此流行度分布与图 4.3 接近。

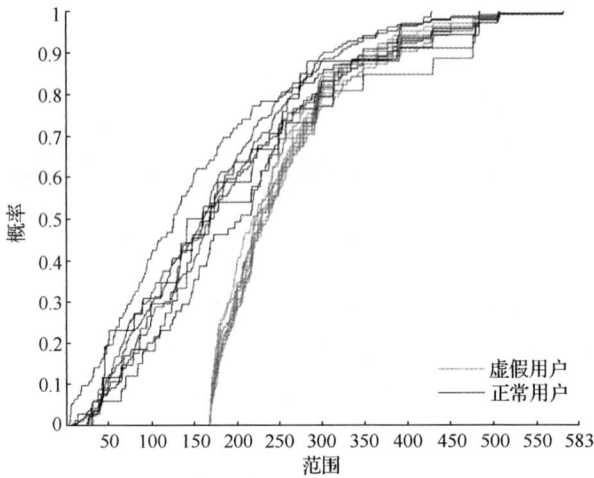

图 4.6　平均流行攻击用户流行度分布（Top 20%）

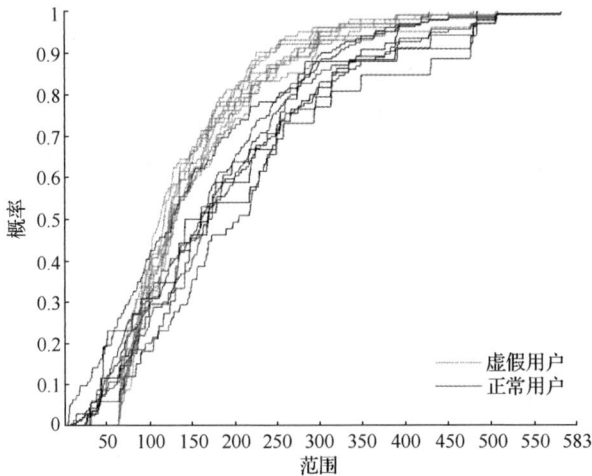

图 4.7　平均流行攻击用户流行度分布（Top 40%）

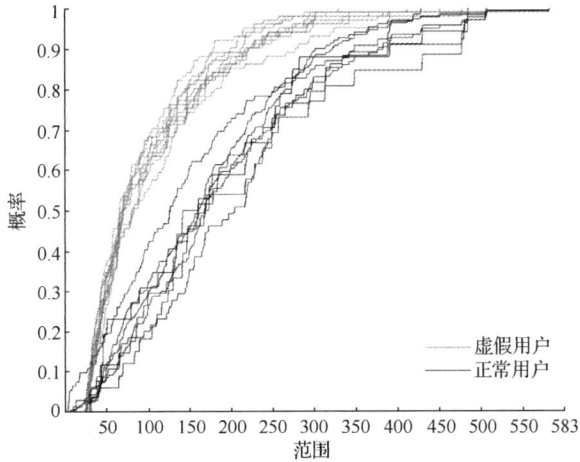

图 4.8　平均流行攻击用户流行度分布（Top 60%）

　　可以发现，如果托攻击者从流行度较高的选择项目进行评分，那么注入的虚假用户流行度分布将大多集中于值较高的区域。随着选择的范围扩大，流行度分布蜕化为随机攻击类型，但是可以发现在变化过程中，虚假用户的流行度分布始终与正常用户有区别。

　　3）从整个项目集合以及特定的项目集中进行项目选择情况分析

　　选择流行攻击模型作为基础，向系统注入评分攻击规模为 10%的攻击概貌，固定填充规模为 5%，分析选择规模为 2.5%、5%以及 7.5%时虚假用户的流行度分布与正常用户流行度的对比，得到图 4.9～图 4.11 的结果。

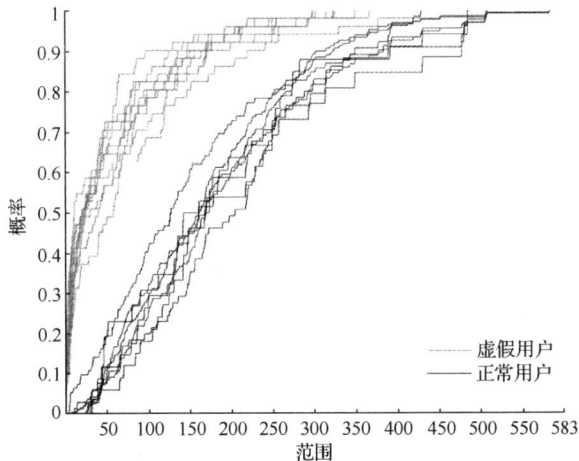

图 4.9　流行攻击用户流行度分布（选择规模/填充规模=0.5）

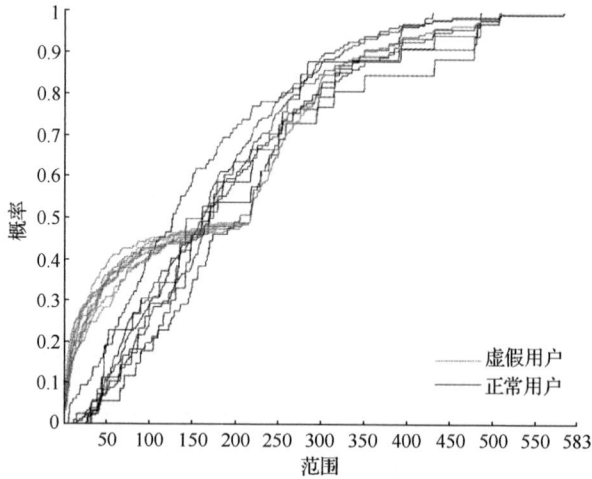

图 4.10　流行攻击用户流行度分布（选择规模/填充规模=1）

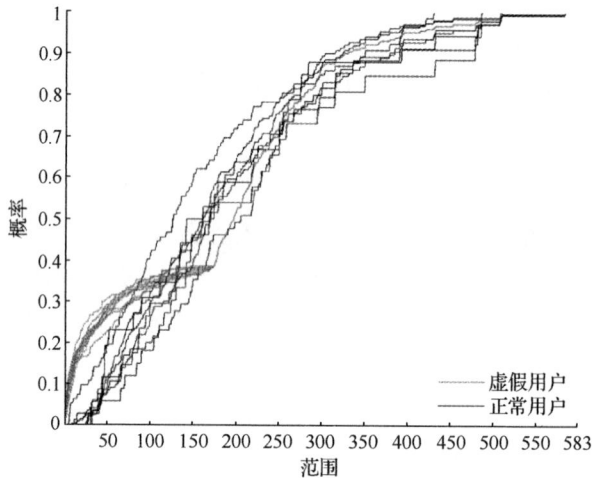

图 4.11　流行攻击用户流行度分布（选择规模/填充规模=1.5）

　　图 4.9～图 4.11 中绘制了 10 个正常用户以及 10 个来自流行攻击的虚假用户的流行度分布。图 4.9 展示的是从 2.5%的流行项目与 5%的全局项目进行选择时的流行度分布对比情况，可以看到当同时从两种不同的集合中选择项目进行评分时，虚假用户的流行度分布会出现明显的拐点，即一部分的项目流行度较高，一部分的项目流行度较低，出现明显转折。同样的情况在图 4.10 和图 4.11 也可以观察到。同时可以发现，随着流行项目选择数量的加大，高流行度区间拥有更大的概率值。

综上所述，与正常用户按照偏好选择项目的行为不同，托攻击者在保持攻击代价较小的情况下，采用各种人为的选择策略对项目进行评分，这个结果导致托攻击者注入的虚假用户流行度分布与正常用户流行度分布呈现不同。本书分析了三种不同的选择行为，托攻击者可能采取其他的选择行为方式，但是为了保持攻击的效果，同时降低攻击的成本，托攻击者的行为将呈现一些异于正常用户的特点，这就启发我们从用户流行度分布中抽取特征，用于将正常用户与虚假用户区分开，进而对系统中的虚假用户进行检测。

4.4 基于流行度的托攻击检测算法

4.4.1 算法框架

从方法依据部分可以知道真实用户的流行度分布与虚假用户的流行度分布存在差异，在介绍具体的算法之前，为了能够对基本的流程进行介绍，这里使用了图 4.12 所示的框架图进行说明。

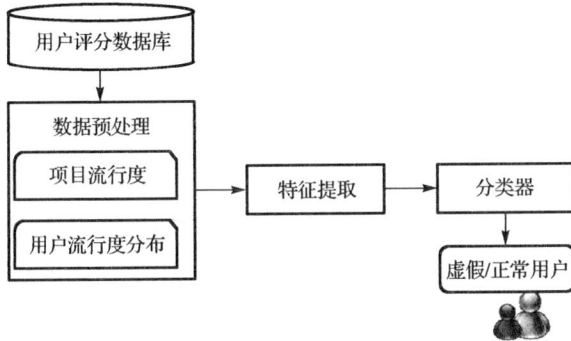

图 4.12 Pop-SAD 算法框架图

框架的左边是数据的预处理阶段，通过统计评分矩阵中每一个项目的被评分次数，得到项目的流行度，通过获取每一个用户的关联项目集合，从而得到每一个用户的流行度向量。框架的中间为算法的主体部分，将用户的流行度向量进行统计，得到每一个用户的分类特征向量。框架右边的分类器实现对两类用户的分类。

4.4.2　特征提取方法

用户的流行度分布具有区分正常用户与虚假用户的作用，下面将介绍如何从流行度分布中抽取用于检测托攻击的特征.特征提取部分的输入是用户-项目评分数据库，输出是每一个用户的流行度向量。用户的流行度分布也可以表示为一个向量，即 $\boldsymbol{P}_u = (p_{u,1}, p_{u,2}, \cdots, p_{u,d_{\max}})$，如果不进行提取，而是直接在流行度分布上进行托攻击检测，那么由于该分布中包含 $d_{\max}$ 个取值，将使得检测托攻击面临数据高维的特性，降低检测的准确性。

为了解决这个问题，将流行度分布的取值区间划分为 q 个相等的区间，将流行度分布在这 q 个区间的累计概率作为分类特征。特征提取问题就转化为如何决定每一个区间的长度，进而将流行度分布的取值区间等分。

作为一个例子，先看如何划分 MovileLens 100K 的用户流行度分布。在这里，将流行度分布的取值区间 1～583 划分为 6 个子区间，其中每个子区间的长度为 100，其 583 为 $d_{\max}$，即最大的流行度值。具体的形式如表 4.1 所示。

表 4.1　区间分割示例

区间号	1	2	3	4	5	6
区间范围	1～100	101～200	201～300	301～400	401～500	501～583

MovieLens 100K 中用户的流行度分布在这 6 个区间上进行概率统计，得到 6 个区间上的概率值，进而每一个用户的特征向量可以用 $\boldsymbol{F}_u = (f_{u,1}, f_{u,2}, \cdots, f_{u,6})$ 表示，每一个元素 $f_{u,i}$ 是用户 u 在第 i 个区间上概率的累计值。

然而如何确定每一个子区间的长度进而划分流行度分布的取值区间仍然是一个需要解决的问题。注意到真实用户的流行度分布与虚假用户的流行度分布存在差异，所以可以分析流行度向量的均值 MUD 是否可以作为每一个子区间的宽度。

流行度分布均值 MUD 的计算公式为

$$\text{MUD}_u = \frac{1}{|\boldsymbol{D}_u|} \sum_{d_i \in \boldsymbol{D}_u} d_i \qquad (4.3)$$

即用户 u 流行度向量的均值。仍然以 MovieLens 100K 为例，系统中正常用户的 MUD 分布如图 4.13 所示。从图中可以发现正常用户的流行度均值有一个下界 100，通过统计可以发现有 99.26% 的用户流行度均值均高于这个下界。

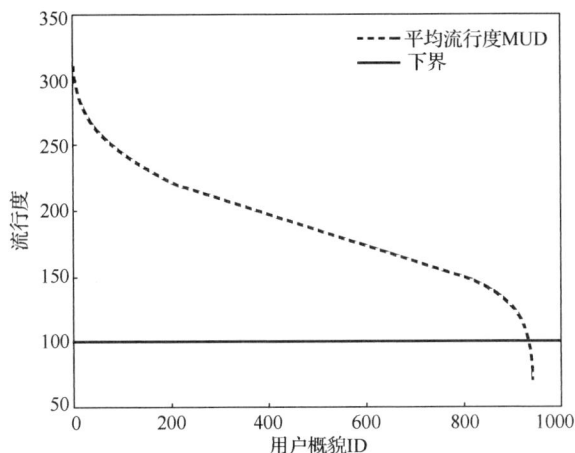

图 4.13　正常用户 MUD 分布

进一步，用同样的方法得到虚假用户的流行度均值。这里注入 10000 个虚假用户，装填规模为 10%，即随机选择系统中 10%的项目进行评分，得到图 4.14 所示的分布。

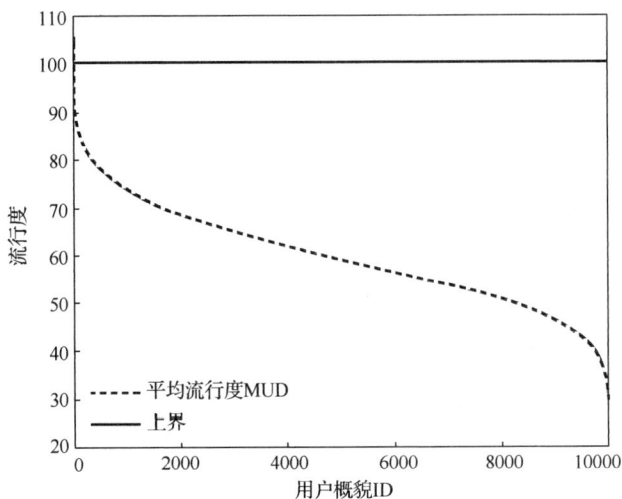

图 4.14　虚假用户 MUD 分布

可以发现这些虚假用户的流行度分布有一个上界 100，经过统计，大概 99.95%的虚假用户平均流行度值低于上界。这就启发我们通过计算正常用户的平均流行度均值下界作为分割流行度取值区间的依据，进而得到如算法 4.1 所示的特征提取算法。

算法 4.1 基于流行度的特征提取算法

输入：评分数据库 R，包括 M 个正常用户和 T 个虚假用户。
输出：区间长度 W、区间数 q、特征矩阵 F。

步骤：

（1）得到系统中项目的流行度 d_i，得到项目流行度训练 $d=(d_1, d_2, \cdots, d_N)$，$N$ 为系统中项目的数量，并且得到流行度的最大值 d_{max}。

（2）得到系统中每一个用户的关联项目集合 G_u。

（3）得到系统中每一个用户的流行度向量 D_u 以及流行度分布 P_u。

（4）根据公式计算 M 个正常用户的 MUD_u，得到下界 MUD_{lower} 作为子区间宽度 W，进而将分布的取值区间划分为 $q=\dfrac{d_{max}}{W}$ 份。

（5）将分布的取值区间划分为 q 份，每一份的子区间为$(0, 1\times W]$, $(1\times W, 2\times W]$, $\cdots$, $((q-1)\times W, d_{max}]$。

（6）计算用户 u 的流行度分布在每个子区间中的概率值 $f_{u,i}$，得到每一个用户的流行度训练 $F_u=(f_{u,1}, f_{u,2}, \cdots, f_{u,q})$，同时也作为特征向量。

（7）得到系统中 $M+T$ 个用户的流行度分布矩阵 $F=[F_1, F_2, \cdots, F_{M+T}]$。

4.4.3　托攻击检测算法 Pop-SAD

当特征抽取之后，就可以使用分类方法训练一个模型对虚假用户进行检测。本书使用朴素贝叶斯算法作为基准算法，从而结合基于流行度的分类特征得到托攻击检测器 Pop-SAD。Pop-SAD 在正常用户与虚假用户的概貌集合上进行训练，然后对新来的用户概貌可以进行分类，判定是正常用户还是虚假用户。

虽然这里使用的是监督型的方法，但是 Pop-SAD 可以扩展到其他的方法。选择使用朴素贝叶斯的原因主要包括两点：①许多现有的进行托攻击检测的手段使用朴素贝叶斯作为基本的分类器，所以可以将 Pop-SAD 与相关工作进行比较；②本章最大的贡献点在于基于流行度分类特征的提出，所以使用一个广泛使用的分类器可以更好地突出分类特征的作用。

4.5　实验与结果分析

4.5.1　实验设置

1）数据集

实验选用了推荐系统和托攻击检测中常用的美国 Minnesota 大学 GroupLens

研究者发布的 Movielens 100K 数据集[95]，这个数据集由 943 个用户对 1682 个项目的评分构成，并且每一个用户的评分项目数目都不少于 20 个。

2）评价指标

考虑到托攻击模型是对真实虚假用户攻击行为的抽象，现有的研究工作大多针对常见的攻击模型进行检测，从而提高实际系统的抗托攻击能力。实验假定系统中原有的用户为真实用户，利用托攻击模型向系统注入的用户为虚假用户，实验的目的是对这些虚假用户进行检测。托攻击评价指标使用了常用的准确率（Precision）、召回率（Recall）以及两者的综合指标 F1 值（F1-measure）。设 N 为分类器预测出的虚假用户数，N_a 为分类器正确分类出的虚假用户数，N_t 为系统中实际存在的虚假用户数，则准确率、召回率及 F1 值计算方式如下

$$\text{Precision} = \frac{N_a}{N} \qquad (4.4)$$

$$\text{Recall} = \frac{N_a}{N_t} \qquad (4.5)$$

$$\text{Fl-measure} = \frac{2 \times \text{Precision} \times \text{Recall}}{\text{Precision} + \text{Recall}} \qquad (4.6)$$

准确率说明分类器检测的虚假用户有多少是真正的虚假用户，召回率衡量分类器将系统中真正的虚假用户检测出来的能力，而 F1 值则是准确率与召回率的加权平均，能够同时考虑分类器在准确率与召回率指标下的表现。

3）对比算法

现有的托攻击检测方法包括监督型、半监督型以及无监督型，所以选择 Bayes-SAD[60] 作为监督型学习的代表，PCA-SAD[39] 作为无监督型的代表，Semi-SAD[96] 作为半监督型的代表，与本书提出的 Pop-SAD 进行对比。

4）实验设计

Pop-SAD 使用基于流行度的分类特征训练分类器对托攻击进行检测，而传统的检测方法使用的特征大多从评分分布中进行抽取。为了说明本书提出的分类特征在检测虚假用户时优于传统方法，设计如下的实验进行分析。

将攻击规模固定在 10%，对于随机攻击，将装填规模的范围从 5% 变化到 50% 以报告结果；对于平均流行攻击，将 Top-x% 设置为 50%，装填规模的范围从 5% 变化到 50%；对于流行攻击，固定选择项目为 5%，装填规模从 5% 变化到 50%。

　　由于对比方法包括监督型、无监督型以及半监督型，为了得到无偏的统计结果，将系统中全部数据的 80%作为训练集，20%作为测试集。所有的算法均在 20%的公共测试集上测试，已得到结果。实验重复 100 次以保证结果的真实性。

　　对于监督型的 Bayes-SAD 与 Pop-SAD，在全部的训练集上进行训练；对于无监督型的 PCA-SAD 则直接在全部数据上聚类，但是以公共的 20%测试集上的结果作为最后结果；对于 Semi-SAD，80%的训练集进一步分为 20%的有标签训练集和 60%的无标签训练集。同时为了更好地模拟各种情况，对于混合攻击，取随机攻击、平均流行攻击与流行攻击各 5%的攻击规模，并且变动装填规模为从 5%到 50%。

4.5.2　实验结果分析

1）Pop-SAD 检测各类攻击性能分析

　　先分析 Pop-SAD 与对比算法在检测随机攻击、平均流行攻击以及流行攻击时的性能，然后分析检测混合攻击时的效果，得到图 4.15～图 4.18 的实验结果，这里使用 F1 值作为评价指标。

　　（1）检测随机攻击性能分析。

　　从图 4.15 中可以看到在检测随机攻击时，Pop-SAD 与 Semi-SAD 均具有较好的性能，PCA-SAD 的检测效果可以接受，而 Bayes-SAD 在装填规模扩大的时候效果不是很理想。同时可以发现，同时使用贝叶斯分类器的 Pop-SAD 与 Bayes-SAD 表现也有不同，由此可以说明提出的基于流行度分类特征的优越性。

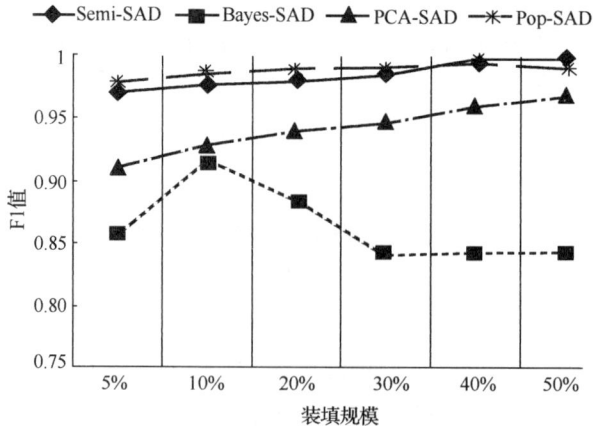

图 4.15　Pop-SAD 检测随机攻击

（2）检测平均流行攻击性能分析。

从图 4.16 可以发现 Pop-SAD 的检测效果最好，Bayes-SAD 与 Pop-SAD 的表现比较接近，但是 PCA-SAD 的检测效果不理想。这说明非监督型的方法对于检测平均流行攻击效果不佳，半监督型与监督型的方法能够取得较佳的检测效果。同时可以看到基于评分的特征有一定的效果，尤其是结合评分特征的半监督学习方法，但是基于流行度的分类特征的算法检测效果更加理想。

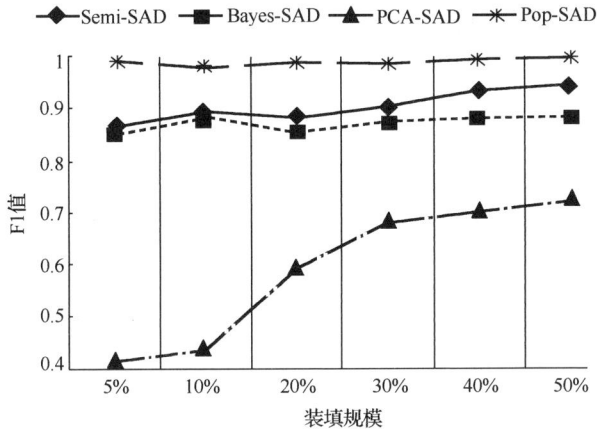

图 4.16　Pop-SAD 检测平均流行攻击

（3）检测流行攻击性能分析。

从图 4.17 中可以看到在检测流行攻击时，Pop-SAD、Semi-SAD 以及 PCA-SAD 均具有较好的性能。Bayes-SAD 在装填规模扩大时检测效果越来越差。说明对于流行攻击，基于评分的分类特征上训练分类器难以将托攻击检测出来。

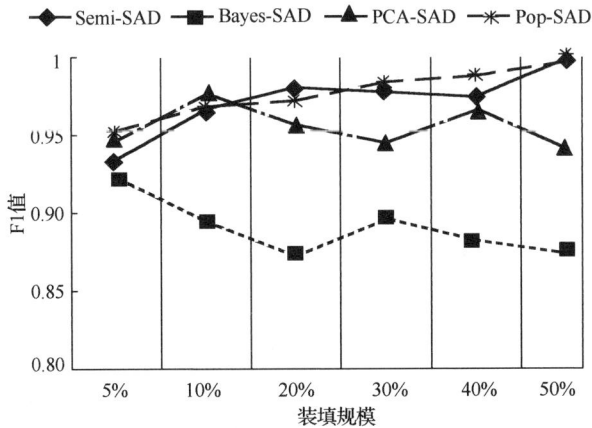

图 4.17　Pop-SAD 检测流行攻击

（4）检测混合攻击性能分析。

从图 4.18 可以发现 Pop-SAD 对于混合攻击有优于其他检测器的性能，而 PCA-SAD 与 Bayes-SAD 效果不是太好，可能的原因是基于评分的分类特征在对混合攻击进行检测时会出现偏差，即无法对混合型攻击有较好的检测能力。Semi-SAD 通过对无标签的样本进行自学习，可以不断改进分类性能，因而效果也较好，但是总的来说，Pop-SAD 由于不考虑评分的分布信息，而是从行为角度出发，所以对于混合攻击有较好的检测结果。

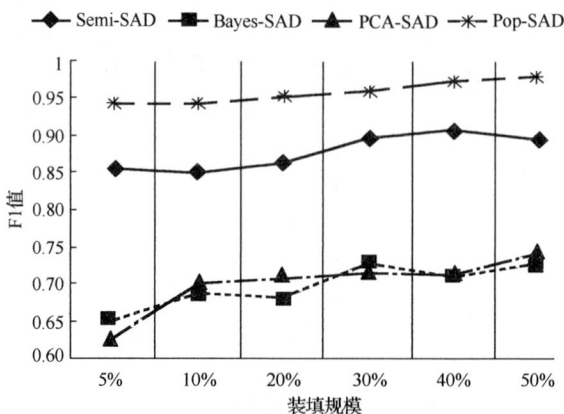

图 4.18　Pop-SAD 检测混合攻击

2）基于流行度分类特征提取算法的性能分析

本章最大的创新点是提出基于流行度的分类特征，为了得到流行度分类特征，提出了划分取值区间的方法，但是需要验证这种划分方法是否具有合理性。因此，需要进一步进行实验以验证结果。

根据特征提取算法，在 MovieLens 数据集上可以得到 6 个区间，即 $q=6$，为了进行对比，使得 $q=3$ 以及 12 以说明情况。为了保证实验的合理性，这里使用十折交叉验证的方法进行实验，得到表 4.2～表 4.4 的结果。此处，攻击规模从 5% 到 20% 变化，装填规模从 3% 到 30% 变化，平均流行攻击的 Top-x% 参数设置为 30%，流行攻击的选择项目大小仍设置为 5%。

表 4.2　Pop-SAD 检测随机攻击

攻击规模/%	区间数	装填规模/%							
		3	6	9	12	15	20	25	30
5	$q=3$	0.937	0.941	0.959	0.962	0.974	0.987	0.990	0.996
	$q=6$	0.938	0.943	0.957	0.965	0.974	0.984	0.993	0.996

续表

攻击规模/%	区间数	装填规模/%							
		3	6	9	12	15	20	25	30
5	$q=12$	0.913	0.929	0.941	0.935	0.945	0.946	0.946	0.947
10	$q=3$	0.934	0.940	0.951	0.967	0.977	0.987	0.987	0.995
	$q=6$	0.968	0.964	0.967	0.970	0.980	0.990	0.994	0.995
	$q=12$	0.962	0.964	0.970	0.969	0.973	0.974	0.973	0.974
15	$q=3$	0.974	0.980	0.979	0.979	0.986	0.993	0.997	0.999
	$q=6$	0.979	0.975	0.978	0.978	0.985	0.992	0.993	0.996
	$q=12$	0.972	0.976	0.977	0.977	0.980	0.983	0.982	0.982
20	$q=3$	0.988	0.983	0.983	0.984	0.987	0.995	0.989	0.991
	$q=6$	0.983	0.984	0.984	0.986	0.985	0.994	0.996	1.000
	$q=12$	0.983	0.981	0.982	0.983	0.986	0.987	0.987	0.987

表 4.3　Pop-SAD 检测平均流行攻击

攻击规模/%	区间数	装填规模/%							
		3	6	9	12	15	20	25	30
5	$q=3$	0.684	0.781	0.819	0.819	0.874	0.945	0.974	0.993
	$q=6$	0.927	0.923	0.934	0.956	0.978	0.988	0.978	0.998
	$q=12$	0.853	0.949	0.966	0.974	0.976	0.989	0.992	0.984
10	$q=3$	0.815	0.854	0.876	0.884	0.904	0.959	0.984	0.995
	$q=6$	0.951	0.954	0.962	0.965	0.978	0.992	0.996	0.998
	$q=12$	0.901	0.960	0.980	0.991	0.994	0.988	0.995	0.998
15	$q=3$	0.836	0.881	0.911	0.925	0.923	0.967	0.992	0.997
	$q=6$	0.964	0.967	0.973	0.974	0.980	0.996	0.998	0.998
	$q=12$	0.926	0.970	0.988	0.990	0.996	0.993	0.996	0.998
20	$q=3$	0.869	0.902	0.939	0.938	0.950	0.971	0.993	0.995
	$q=6$	0.972	0.977	0.979	0.981	0.984	0.995	0.998	0.998
	$q=12$	0.935	0.969	0.989	0.995	0.996	0.996	0.996	0.998

表 4.4　Pop-SAD 检测流行攻击

攻击规模/%	区间数	装填规模/%							
		3	6	9	12	15	20	25	30
5	$q=3$	0.949	0.981	0.988	0.991	0.993	0.990	0.947	0.990
	$q=6$	0.956	0.972	0.980	0.974	0.983	0.986	0.988	0.986
	$q=12$	0.984	0.985	0.984	0.957	0.957	0.948	0.945	0.948
10	$q=3$	0.965	0.990	0.989	0.998	0.998	0.998	0.974	0.998
	$q=6$	0.990	0.978	0.988	0.980	0.990	0.992	0.992	0.992
	$q=12$	0.991	0.991	0.998	0.989	0.982	0.976	0.974	0.974

续表

攻击规模/%	区间数	装填规模/%							
		3	6	9	12	15	20	25	30
15	$q=3$	0.974	0.990	0.994	0.990	0.990	0.990	0.983	0.990
	$q=6$	0.999	0.987	0.988	0.988	0.993	0.997	0.998	0.995
	$q=12$	0.993	0.995	0.997	0.996	0.991	0.985	0.981	0.982
20	$q=3$	0.980	0.997	0.994	0.990	1.000	0.990	0.987	0.990
	$q=6$	0.999	0.990	0.995	0.990	0.994	0.996	0.997	0.996
	$q=12$	0.997	0.998	0.997	0.999	0.996	0.990	0.987	0.987

表 4.2 是 Pop-SAD 在检测随机攻击时的性能，表 4.3 是检测平均流行攻击时的性能，表 4.4 是检测流行攻击时的性能。从表 4.2～表 4.4 可以发现，提出的区间分割方法具有较好的检测性能。当区间划分较多时容易造成分类器过拟合，而区间划分较少时则导致检测效果不佳，本书提出的区间划分方法在保持少量特征的基础上，能够取得较好的分类性能。

3）时间复杂度分析

设 M 为系统中用户的数目，N 为系统中项目的数目，基于评分的特征，如 RDMA 和 DegSim 的计算代价 O(基于评分特征)包括[59]：①项目均值代价、项目评分数计算代价、用户评分数计算代价之和；②用户相似度计算代价、取前若干个相似度值代价之和。由于项目评分数计算代价、用户评分数计算代价、项目评分均值计算代价和用户评分频率统计代价等均为 $O(N \times M)$，所有用户相似度的计算为 $O(M \times M \times N) = O(N \times M^2)$，因此 O(基于评分特征) $= O(N \times M + N \times M^2) = O(N \times M^2)$。

而本书提出的特征的计算代价 O（基于流行度特征）包括项目评分数计算代价、用户评分数代价、用户评分频率统计代价。因此 O（基于流行度特征）$= O(N \times M)$。所以从时间复杂度上分析，改进方法至少比传统方法在分类特征的计算上快 M 倍，更适合于实际的系统。

4.6　Amazon.cn 虚假用户检测分析

为了展示 Pop-SAD 方法的有效性，本节在 Amazon 评论数据集上进行测试，从而验证所提方法在检测实际虚假用户中的效果。Amazon 评论数据集是 Xu 等[97]

在 2013 年发布的数据集。该数据集包含 1205125 条评论信息，这些评论信息由正常用户与虚假用户发布。我们的目的是找到发布虚假评论的虚假用户。

注意到 Amazon 评论数据集中，虚假用户在书写评论时，会给项目评分，所以在这个数据集上检测虚假用户与检测托攻击问题具有相似性。

4.6.1　流行度分布分析

为了将 Pop-SAD 用于检测虚假用户，需要对虚假用户的特征进行提取。首先对该数据集中评论的流行度（即评论的被评价次数）进行统计，得到图 4.19 所示的统计结果。

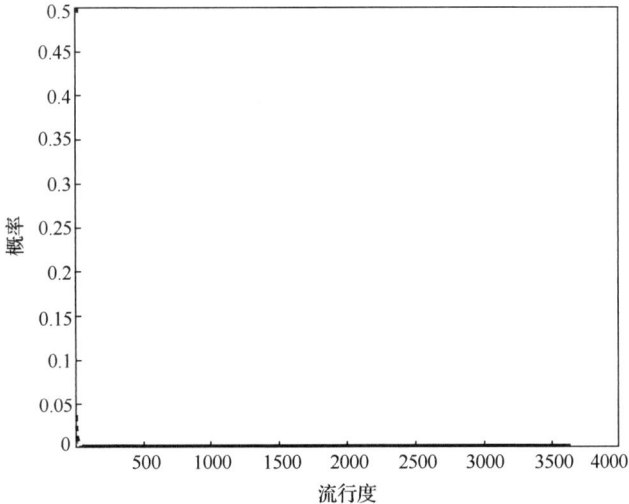

图 4.19　Amazon 中评论的流行度分布

从图 4.19 可以发现，至少一半的评论仅仅只有一个用户给出评论。由于实验使用的 Amazon 数据集是 Amazon.cn 网站上的一小部分，所以评论的流行度分布不是一个精确的估计。但是，从图 4.19 可以发现，评论流行度的分布趋势仍然服从幂律分布。接下来，分析 MUD，从而发现正常用户与虚假用户是否存在选择行为的不同。两类用户的 MUD 分布如图 4.20 所示。

图 4.20 是 5055 个被标记为正常或者虚假的用户的评论流行度分布情况。从中可以看到正常用户的平均流行度大体上高于虚假用户的平均流行度分布。这个结论充分说明了本书所提方法的有效性：正常用户与虚假用户选择行为的不同，造成用户流行度分布不同。

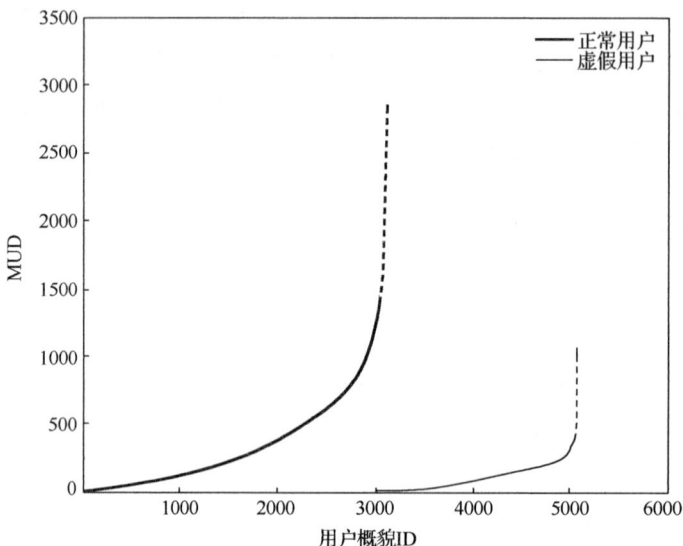

图 4.20　用户的评论流行度分布

4.6.2　检测效果分析

从前面的讨论可以知道，在实际数据集上，本书所提的方法仍然具有实用性。进一步，这里按照 Pop-SAD 的流程，使用流行度划分区间的方法提取特征，得到用于检测 Amazon 评论数据集中虚假用户的检测方法。

作为对比方法，使用三种其他特征作为对比，分别为：①基于文本的特征，即通过分析用户评论文本从而提取特征；②基于行为的特征，即通过分析用户的评论行为从而提取特征；③基于团体行为的特征，此类特征认为虚假用户以团体为单元注入虚假评论。更多关于特征的细节可以查看文献[97]。本书使用的特征是基于流行度的特征，即通过分析用户发布的评论的流行度进行特征选择。

使用最近邻分类器（KNN）与支持向量机分类器（SVM）结合特征进行虚假用户检测。使用这两种机器学习方法而不是朴素贝叶斯方法的目的是说明本书所提特征的有效性。这里选择准确性、召回率以及 F1 值展示结果，实验结果如表 4.5 所示。

表 4.5　Pop-SAD 用于检测 Amazon 中的虚假用户

方法		准确率	召回率	F1 值
KNN	基于流行度	0.666	0.788	0.722
	基于文本	0.606	0.698	0.648
	基于行为	0.658	0.688	0.672
	基于团体行为	0.795	0.749	0.771
SVM	基于流行度	0.697	0.806	0.747
	基于文本	0.631	0.624	0.627
	基于行为	0.682	0.625	0.652
	基于团体行为	0.762	0.794	0.777

从表 4.5 可以发现基于流行度的特征拥有最高的召回率。同时，与基于文本和基于行为的特征相比，本书提出的基于流行度的特征具有最高的 F1 值。说明与传统的特征相比，本书提出的特征具有更好的检测效果。

同时可以发现基于团体行为的特征拥有最高的 F1 值，但是根据文献[97]可以发现，这类特征判定用户所属的团体，所以代价较高，而本书提出的特征能够较快地获取，更适合于在实际中使用。

综上可以发现，在实际环境中，基于流行度的特征拥有较好的检测性能，这充分说明 Pop-SAD 能够胜任实际环境。同时基于流行度的特征涵盖了虚假用户的可能行为，更适用于在实际环境中使用。

4.7　本　章　小　结

在推荐系统中，虚假用户能够获得的先验知识是十分有限的，同时为了降低攻击的成本，虚假用户的攻击概貌中均包含大量随机选择的项目。如果把正常用户与虚假用户看成从项目流行度总体中采用不同方式抽样，就可以从两类用户概貌中项目的流行度分布中寻找分类特征，这是本章提出算法的基础。

本章得到项目流行度服从幂律分布以及两类用户流行度分布情况存在差异这两个结论，进而提出了基于用户流行度分布的特征提取方法，最后把这些分类特征作为分类算法的输入得到托攻击检测算法。本书提出的算法能够克服现有攻击检测方法容易受到混淆方式干扰的问题并降低检测的计算代价。下一步工作将对不同角度的托攻击检测特征提出更为有效的融合手段，并对项目流行度服从的分布进行分析，得到长尾效应的更多应用。

第5章 基于拉普拉斯得分的社交网络 托攻击检测方法

5.1 引　言

本章关注关系驱动的社交网络中的托攻击检测问题，从而为面向社会化推荐的托攻击检测提供关系视图的特征提取方法。随着 Web 2.0 的迅猛发展，在线社交网络受到越来越多的关注。在线社交网络指的是具有相似兴趣、行为或者背景的人群建立社交关系的网络平台[44]。社交网络平台可以帮助人们保持社交关系，发现共同兴趣的好友以及分享内容与知识信息等[65]。由于社交网络开放性与免费性的特点，其已经成为人们日常工作生活不可或缺的一部分。

社交网络在给人们带来便利的同时，其巨大的用户规模和平台开放性的特点使其容易受到托攻击[98]。社交网络托攻击指的是托攻击者通过注入虚假账号或者盗用系统中正常用户的账户，向系统中发布广告、色情或者钓鱼网站等信息[99]。由于社交网络中用户之间存在一定程度的信任关系，所以社交网络中的虚假用户造成的影响更加恶劣，如研究表明 Twitter 中垃圾广告链接的点击率高于垃圾邮件中广告链接两个数量级[74]。

社交网络托攻击的存在容易给正常用户带来经济损失，同时降低了用户对社交网络平台的信任，不利于平台的发展[73,74]。为了缓解社交网络托攻击的影响，国内外研究者对社交网络中的托攻击进行了研究，并提出社交网络托攻击检测方法以对系统中的虚假用户进行检测，达到维护社交网络安全、保障正常用户安全的目的。这些方法可以分为三类[74]：基于关系特征或文本特征训练分类器的监督型方法、将正常用户与虚假用户进行聚类以检测托攻击的无监督方法，以及基于标签传播的半监督方法等。

以上三种方法中，监督型的方法需要大量的标签信息，而实际中对海量的用户进行标签标注需要昂贵的人力和金钱成本；无监督的方法容易引起对正常用户的误判，并且容易受到噪声数据的干扰，鲁棒性不高；现有的半监督方法从随机游走入手，计算用户的可信度，但是利用全局的结构信息进行托攻击检测，容易造成检测过程的时间代价过高。

　　为了解决现有研究的不足，同时提高检测的效率，本章将特征选择与半监督学习结合，得到基于拉普拉斯得分（Laplacian score）和半监督随机森林的社交网络托攻击检测方法。该方法首先计算系统中数据特征的拉普拉斯得分，从而对特征进行选择。然后使用半监督随机森林的方法在有标签和无标签用户数据上进行训练，从而得到用于检测社交网络托攻击的方法。在 Twitter 数据集上的实验表明本书提出的方法对虚假用户有较好的检测率，而使用特征提取可以提高检测准确性，同时降低无关特征的影响，使得算法具有更好的泛化性。

　　本章接下来的章节安排如下，首先对问题进行形式化定义并提出检测方法 LSCO-Forest，接下来在 Twitter 数据集上进行实验并对结果进行分析，最后对本章进行总结。

5.2　基于拉普拉斯得分的托攻击检测算法

　　社交网络中的托攻击可能给用户带来了经济损失，同时破坏了用户对社交网络的信任。因此检测出系统中的虚假用户对于维护社交网络的发展具有重要意义。本节主要介绍提出的基于拉普拉斯得分的社交网络托攻击检测算法（LSCO-Forest）。首先给出算法的框架，然后对 LSCO-Forest 的各个步骤进行详细说明，最后给出 LSCO-Forest 的基本流程。

5.2.1　算法框架

　　托攻击者通过伪造用户关系概貌向系统中注入虚假用户。本书将社交网络托攻击检测问题看成分类问题，即训练一个分类器对系统中的正常用户与虚假用户进行分类，进而检测出虚假用户。在给出具体的算法之前，先对 LSCO-Forest 的整体流程进行说明，如图 5.1 所示。

　　图 5.1 给出了 LSCO-Forest 的基本框架，第一步是对特征进行选择，由于使用半监督学习的方法训练分类器，同时为了得到一种较为通用的特征选择方

法，这里使用基于无监督的特征选择方法，即基于拉普拉斯得分的特征选择。该方法首先训练一个 k 近邻图，然后计算每个特征的拉普拉斯得分，用于选择特征。第二步是使用半监督随机森林对特征选择后的用户数据进行模型构建，这里主要包括两个过程，即置信度计算和分类器重构。算法最后的输出是分类器，可以对新的用户数据进行分类，以实现对虚假用户的检测。

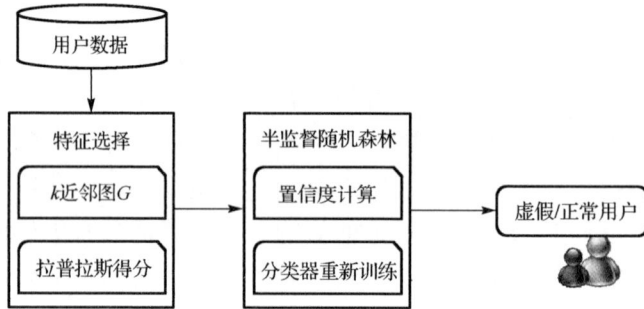

图 5.1　LSCO-Forest 算法框架图

5.2.2　基于拉普拉斯得分的特征选择

在社交网络中，用户具有关系特征，如粉丝数目、聚集系数等，也有内容特征，如发送博客平均时间、回复博客平均时间等，所以造成用户数据高维稀疏的特点。在高维数据上训练分类器会造成分类效果较低，且不利于分类器的泛化，以至于难以对社交网络中的虚假用户进行有效检测[99]。

特征选择常用于解决数据高维问题，以改善分类器的分类性能[100]。特征选择方法可以分为两类，即封装（wrapper）与过滤（filter）方法。封装方法针对特定的学习算法对特征进行评估，因此这种方法与特定的学习任务有关。过滤方法则利用数据本身内在的特性对特征进行评估。过滤方法一般需要利用特征与标签的关系，使用如皮尔逊相关相似度和 Fisher 评分等指标对特征进行选择。

同时，在社交网络中，类标信息的获取需要较大的成本，而利用无标签的信息如数据方差等对于判别类别不具有较好的效果。为了在标签缺失的情况下得到较好的特征选择方法以适用于判别分析，本章借鉴 He 等[100]提出的拉普拉斯得分法，将拉普拉斯得分用于特征选择。该方法是一种无监督型的特征选择方法，因此可以配合半监督学习使用。

拉普拉斯得分法的基本思想是重要的特征能够较好地保持原始数据的近邻

信息，因此该方法首先构建 k 近邻图，然后通过近邻图的拉普拉斯矩阵得到特征的拉普拉斯得分，用于进行特征选择。该方法的关键步骤包括两步，即 k 近邻图构造与拉普拉斯得分计算。

1）k 近邻图构造

拉普拉斯得分法认为判别效果强的特征应该能够保持原有的局部几何关系，即数据点之间的近邻关系，所以该方法的第一步是构造一个拉普拉斯图 G。假设社交网络中有 M 个用户节点(x_1, x_2, $\cdots$, x_i, $\cdots$, x_M)，其中，元素 x_i 表示用户 i 的特征向量，这个元素可以是用户的关系特征和文本特征组成的特征向量，特征选择的目的是对向量 x_i 中的元素进行排序，选出判别能力较好的特征，从而避免高维特征对分类结果的干扰。

为了构建近邻图 G，需要计算用户数据之间的相似度，这里使用欧拉距离作为相似度度量手段，然后对系统中的每一个数据点 x_i，按照相似度大小查找该数据点的 k 近邻集合 $N(x_i)$，将用户与 k 近邻集合中的元素进行连边，得到 M 个用户之间的近邻图 G。G 中的点是社交网络中的 M 个用户，边 $e(x_i, x_j)$ 表示点 x_j 是另一个点 x_i 的 k 近邻，注意边是有向的，即近邻关系不是对称的。

2）拉普拉斯得分计算

当得到近邻图 G 之后，下面就需要计算每个特征的拉普拉斯评分。首先构造带权矩阵 S，S 的计算依赖于近邻图 G，其每一个元素的计算方法为

$$S_{ij} = \begin{cases} \mathrm{e}^{-\frac{\|x_i - x_j\|^2}{t}}, & e(x_i, x_j) \in G \\ 0, & \text{其他} \end{cases} \tag{5.1}$$

其中，t 是用户指定的自适应常数；当 x_i 与 x_j 之间存在边时，则 S_{ij} 和 x_i 与 x_j 之间的距离成反比，否则这个数是 0。S 矩阵对局部的几何信息进行了量化。

S 为带权矩阵，这个矩阵的拉普拉斯矩阵为 $L = D - S$，其中 $D = \mathrm{diag}(S)$，为 S 矩阵的主对角线矩阵，即由 S 的主对角线元素构造的矩阵。假设系统中有 R 个特征 1, 2, $\cdots$, r, $\cdots$, R，对于第 r 个特征，M 个用户在该特征上的取值构成这个特征的数据向量 $x_r = [x_{r1}, x_{r2}, \cdots, x_{rM}]$，那么特征 r 的拉普拉斯评分为

$$L_r = \frac{\widetilde{f_r^{\mathrm{T}}} L \widetilde{f_r}}{\widetilde{f_r^{\mathrm{T}}} D \widetilde{f_r}} \tag{5.2}$$

其中，L_r 是特征 r 的拉普拉斯评分；L 是拉普拉斯矩阵；D 是主对角线矩阵。$\widetilde{f_r^{\mathrm{T}}}$ 的计算方法为

$$\widetilde{f_r^{\mathrm{T}}} = f_r - \frac{f_r^{\mathrm{T}} D1}{1^{\mathrm{T}} D1} 1 \tag{5.3}$$

其中，f_r 是特征 r 的数据向量；$1=[1, 1, \cdots, 1]^{\mathrm{T}}$ 是单位向量。

当 L_r 计算以后，R 个特征之间就能够按照该评分进行排序，从而选择出评分较高的特征用于后续的分类任务。L_r 没有利用标签信息，但是能够保持数据点的局部几何信息，因此对于判别任务具有较好的效果。具体的推导细节可以参见 He 等[100]提出的基于拉普拉斯的特征选择算法。

5.2.3　基于半监督随机森林的分类算法

在特征选择的基础上，下一步的工作是训练分类器从而实现对托攻击的检测。社交网络中存在海量的用户，对收集到的样本进行标注需要大量的时间成本。为了解决训练数据标签不足的问题，一个直观的解决方法是从少部分的有标签样本学习一个初始分类器，然后在大量的无标签样本上改善分类器的训练性能。半监督学习方法同时利用有标签与无标签数据进行学习。

典型的半监督方法包括自学习与协同训练等[80]。自学习在使用无标签数据的过程中容易放大训练误差，所以基于分歧的半监督学习算法如协同训练得到广泛的使用。协同训练同时训练两个分类器，然后利用这两个分类器对无标签数据样本进行学习。在协同训练中，数据由两个充分冗余、独立的特征子集构成，在这两个特征子集上分别训练分类器保证了训练结果的可靠性。

虽然协同训练得到广泛的应用，但是协同训练需要两个独立的特征子集的假设，在实际中难以达到，因此基于半监督随机森林的算法被提出，这种方法将集成学习与协同训练结合，不需要对数据特征进行任何假设，并能够利用集成学习的优势，达到更好的检测效果。

半监督随机森林[101]首先在有限标注样本上学习初始分类器，然后利用无标注样本对分类器的性能进行改进。其训练过程包含两个部分，即无标注样本的置信度计算和分类器的重新训练。

1）置信度计算

设系统中的训练集可以分为有标签数据集 L 和无标签数据集 U，L 包括$|L|$个有标签用户数据$\{(x_1, y_1), (x_2, y_2), \cdots, (x_{|L|}, y_{|L|})\}$，其中，$x_i$ 表示第 i 个用户数据，y_i 表示第 i 个数据的标签。U 包括$|U|$个无标签用户数据$\{x_1, x_2, \cdots, x_{|U|}\}$，这个集合中的数据均没有标签。

半监督随机森林首先使用重采样（bootstrap）技术，从有标签数据集上获取 N 个数据子集，记为 $L_i(i=1, 2, \cdots, N)$，然后在这 N 个数据子集上训练 N 个决策树基分类器 h_i，组成随机森林。为了对无标注数据进行利用，涉及无标注样本的置信度计算问题，即每个基分类器均选择置信度较高的数据样本进行标注。

为了得到无标签样本的置信度，这里的思想是使用投票的方式进行计算。假设分类器的有标签数据子集为 L_i，设 H_i 为除了基分类器 h_i 之外的其他 $N-1$ 个分类器，那么无标签样本 $\boldsymbol{x}_i$ 的置信度 $\mathrm{con}(\boldsymbol{x}_i)$ 由 H_i 给出。如果只有两类用户，即真实用户（类标为 -1）和虚假用户（类标为 1），那么数据 $\boldsymbol{x}_i$ 的置信度计算方法为

$$\mathrm{con}(\boldsymbol{x}_i) = \max\left(\sum\nolimits_{h(\boldsymbol{x}_i)=1} 1, \sum\nolimits_{h(\boldsymbol{x}_i)=-1} 1\right) \tag{5.4}$$

其中，第一项 $\sum\nolimits_{h(\boldsymbol{x}_i)=1} 1$ 表示 H_i 中把 $\boldsymbol{x}_i$ 分为虚假用户类别的分类器个数；第二项 $\sum\nolimits_{h(\boldsymbol{x}_i)=-1} 1$ 表示分为正常用户类别的分类器的个数。$\mathrm{con}(\boldsymbol{x}_i)$ 表示了其他 $N-1$ 个分类器对当前无标签样本的分类一致性，当 $\mathrm{con}(\boldsymbol{x}_i)$ 大于预设的阈值 Θ 时，可以被选中用于更新 h_i 的数据子集，即 $L_i' = L_i \bigcup \boldsymbol{x}_i$。阈值的设置可以通过交叉验证的方法进行选择，以得到适应于当前数据集最好的分类效果。

2）分类器重新训练

当用于训练 h_i 的数据子集进行更新后，h_i 需要重新训练，即在当前的数据子集 L_i 上训练一个决策树基分类器。注意对于 N 个基分类器而言，对应的数据子集 L_i 的更新方式都是类似的。当 N 个基分类器的分类结果不再发生变化时，迭代停止。

当半监督随机森林结束以后，将得到 N 个分类器，对于新样本 x，其类标判定使用投票的方式决定，即选择分类最多的标签作为类标，计算方法为

$$H(x) = \arg\max_{y \in \{-1,1\}} \sum\nolimits_{h_i(x)=y} 1 \tag{5.5}$$

如果投票相等，可以随机指派一个类标。以上过程一直进行直至收敛。

5.2.4　LSCO-Forest 算法

社交网络中的托攻击检测对于维护社交网络的有序运行，保障用户不受虚假信息欺骗具有重要作用。考虑到用户数据具有维度高和数据量较大的问题，

本书提出 LSCO-Forest 算法，该算法首先使用拉普拉斯得分进行特征选择，然后使用半监督学习得到一个分类器。该分类器能够同时利用有标签数据与无标签数据，所以更加适用于真实环境。LSCO-Forest 算法的基本流程如算法 5.1 所示。

算法 5.1　LSCO-Forest 流程

输入：有标签用户数据集 L，长度为 $|L|$，其中每个元素为 (x_i, y_i)；无标签用户数据集 U，长度为 $|U|$，其中每个元素为 (x_i)；M 个用户，每个用户可以用 R 维的特征向量表示，即 $x_i=(x_{i1}, x_{i2}, \cdots, x_{iR})$，且 $M=|L|+|U|$；近邻数量 k；选择的特征数量 t；置信度阈值 Θ；基分类器数量 N。

输出：随机森林分类器 $H=\{h_1, h_2, \cdots, h_N\}$。

步骤：

（1）利用式（5.1）得到 M 个用户的 k 近邻图 G。

（2）利用式（5.2）得到 R 个特征的拉普拉斯得分 L_r。

（3）将 R 个特征的拉普拉斯得分降序排序，选择前 t 个特征，作为选择的特征。

（4）将有标签数据利用重采样得到 N 个数据子集 L_i，然后在这 N 个数据子集上分别训练决策树得到初始基分类器 f_i，$i=1, 2, \cdots, N$。

（5）迭代直到 N 个基分类器预测结果不变。

① 对于每个分类器 f_i。

② 按照式（5.4）计算每个未标注样本的置信度。

③ 选择置信度大于 Θ 的样本加入 L_i。

④ 利用更新的 L_i 重新训练基分类器 f_i。

（6）输出 N 个基分类器，使用式（5.5）对新样本的类标进行判断。

5.3　实验与结果分析

为了对提出的 LSCO-Forest 算法的效果进行分析，本节在实际数据集上进行测试。实验包括与传统监督型方法的对比、不结合特征选择的结果分析以及结合特征选择方法的实验结果分析。

5.3.1　实验设置

1）数据集

本章使用 Benevenuto 等[99]提供的 Twitter 数据集，该数据集是异常用户检测的常用数据集。数据集中包括 Benevenuto 等自 2009 年 8 月收集的 800 万个用户数据。本章选择其中一个处理好的数据集进行实验,将其称为 Twitter 数据集。

Twitter 数据集包括 1065 个用户的数据信息,其中包括 710 个真实用户和 355 个虚假用户。每个用户拥有 62 个特征,根据特征的种类,这些属性可以分为四个大类,二十六个小类,具体的描述如表 5.1 所示。

表 5.1　Twitter 数据集特征

特征类别	具体特征
账户特征	粉丝/关注比、昵称中是否存在垃圾词汇、关注数、粉丝数、账户年龄
行为特征	发表的推文数、被别人@的次数、被别人回复的次数、发表 Twitter 的时间间隔。每日发表 Twitter 的数目、每周发表 Twitter 的数目、Twitter 被回复的比例、每篇 Twitter 的转发数
文本特征	含有垃圾词汇的 Twitter 占总 Twitter 的比例、含有 URL 的 Twitter 占整个 Twitter 的比例、"#"符号在每篇 Twitter 中占的比重、URL 在每篇 Twitter 占的比例、每篇 Twitter 的字符数、每篇 Twitter 包含的"#"符号的数目、每篇 Twitter 包含的"@"字符的数目、每篇 Twitter 中包含数字的数目、每篇 Twitter 包含 URL 的数量、每篇 Twitter 的单词数
邻居特征	用户的粉丝的关注数、该用户的关注者的 Twitter 数

2)评价指标

实验使用常用的准确率、召回率及两者的综合指标 F1 值对算法进行评价,设 N 为分类器预测出的虚假用户数、N_a 为分类器正确分类出的虚假用户数、N_t 为系统中实际存在的虚假用户数,则准确率、召回率及综合指标 F1 值计算方式如下[96,98]

$$\text{Precision} = \frac{N_a}{N} \tag{5.6}$$

$$\text{Recall} = \frac{N_a}{N_t} \tag{5.7}$$

$$\text{F1-measure} = \frac{2 \times \text{Precision} \times \text{Recall}}{\text{Precision} + \text{Recall}} \tag{5.8}$$

准确率说明分类器检测的虚假用户有多少是真正的虚假用户,召回率衡量分类器将系统中真正的虚假用户检测出来的能力,而 F1 值则是准确率与召回率的加权平均,能够同时考虑分类器在准确率与召回率指标下的表现。

3)实验设计

本书提出的算法是属于半监督型的方法,为了与传统的监督型方法进行对比，采用一个公共的测试集。这里固定公共测试集的大小为全部数据的 20%。
对于监督型算法，在所有剩下的数据上进行训练；对于半监督算法，同样使
用剩下的数据进行训练，但是划分为有标签训练集 L 和无标签训练集 U。L 与
U 的比例之和为剩下的 80%原始数据。将实验进行 100 次，取平均后报告实
验结果。

5.3.2 实验结果分析

1）LSCO-Forest 与监督型方法对比

为了说明提出的方法具有较好的准确性，这里使用监督型的方法进行对比。
实验采用朴素贝叶斯、决策树、逻辑回归、支持向量机以及随机森林作为对比，
使用交叉验证获得各类算法的最好效果，同时分析在 10%、20%以及 40%有标
签训练集下 LSCO-Forest 的效果，比较的准确率、召回率以及 F1 值的结果如
图 5.2 所示。

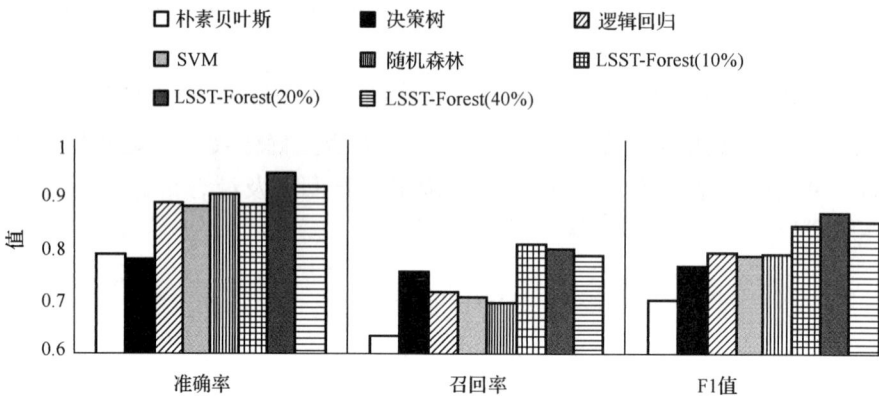

图 5.2 LSCO-Forest 与其他方法检测性能对比

从图 5.2 可以看到，LSCO-Forest 的 F1 值高于监督型算法，而且随着有标
签样本的增加，F1 值越来越大。同时当有标签数据仅有原始数据 10%的情况下，
LSCO-Forest 的检测性能也能够超过传统监督型的算法。

在准确率方面，可以发现随机森林有较好的表现，同时 LSCO-Forest 在有
标签数据量较少的情况下性能不是特别好，但是随着标注样本数量的增加，准
确率先变高然后变低。同时在召回率方面，决策树拥有较好的表现，而提出的
LSCO-Forest 召回率均好于监督型算法。

综合准确率、召回率以及 F1 值可以发现，本书提出的 LSCO-Forest 算法不仅能够取得优于监督型算法的性能，同时能够在有标签样本数量不足的情况下，取得较好的效果，这充分说明本书提出的算法拥有较好的实用价值。

2）LSCO-Forest 在不同数量的特征下的表现

LSCO-Forest 的第一步是使用拉普拉斯得分选择特征，特征的选择是为了避免数据高维和特征冗余带来的问题。为了验证特征选择方法的有效性，这里将随机森林和使用全部特征的半监督随机森林作为比较，变动基分类器的数量为 3～100，观察 10%有标签训练样本集情况下，不同算法的 F1 值，得到图 5.3 的结果。

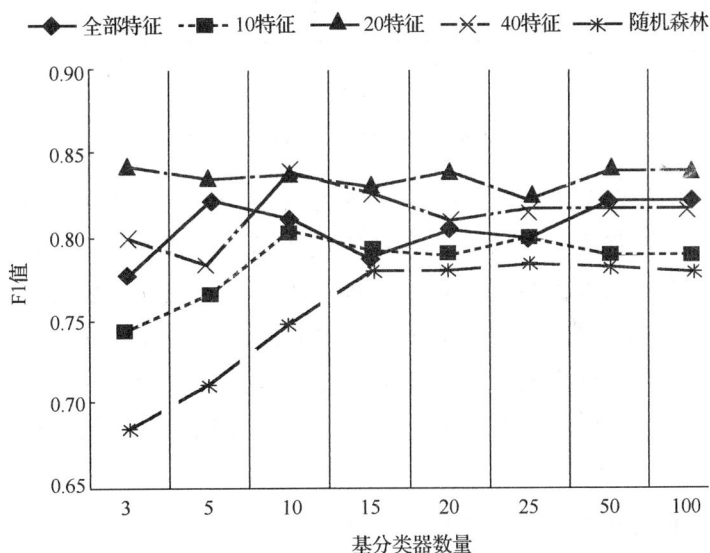

图 5.3　不同特征数量性能对比（10%）

从图 5.3 可以看出，使用半监督型的 LSCO-Forest 算法优于监督型的随机森林。同时可以发现，随着特征数量的增加，LSCO-Forest 的 F1 值先升高后下降，如在特征数量为 20 的时候，F1 值取得较好的效果。这个结果说明特征选择的重要性，因为属性存在冗余，所以使用特征选择可以将重要的特征选出，提高模型的泛化能力。但是注意，并不是所有的时候都需要进行特征选择[102]，因为实验数据集的限制，数据集的特征较低，所以使用特征选择可能导致欠拟合，从而造成选择特征后效果反而不好，如 20%有标签数据集下的结果，如图 5.4 所示。

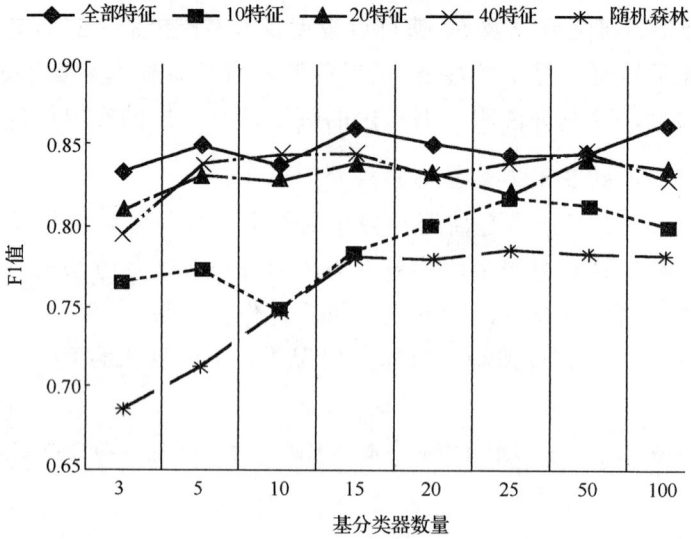

图 5.4　不同特征数量性能对比（20%）

　　图 5.4 说明随着特征数量的提高，LSCO-Forest 的 F1 值越来越好，这个结果并不是说特征选择方法失效，而是说明在实际中需要根据实际问题进行交叉验证，找到最适合问题的特征数量。另外，也启发我们使用更为高级的特征提取方法，而不是仅限于特征选择。不过，总体来说，即使使用 10 个特征的 LSCO-Forest 也优于监督型的随机森林，说明提出的算法在欠拟合和类标不足的情况下，性能也不会低于使用全部标签的监督型算法，这进一步说明了提出的 LSCO-Forest 的优越性。

　　3）LSCO-Forest 在不同数量的基分类器下的表现

　　由于 LSCO-Forest 使用随机森林作为基分类器，所以基分类器的数量可能对算法的性能造成影响。因此最后一个实验主要讨论不同基分类器情况下分类器的检测性能。这里在 10%、20% 以及 40% 有标签数据样本情况下，特征数量为 20 个，设置基分类器的数量为 3～100 个时，LSCO-Forest 的准确率、召回率与 F1 值结果如表 5.2～表 5.4 所示。

表 5.2　LSCO-Forest 检测性能（10%）

基分类器数量	3	5	10	15	20	25	50	100
准确率	0.9142	0.86884	0.8684	0.8571	0.88	0.8552	0.88	0.88
召回率	0.7804	0.8048	0.8048	0.8048	0.8048	0.7926	0.8048	0.8048
F1 值	0.8421	0.8354	0.8385	0.8301	0.8407	0.8227	0.8407	0.8407

表 5.3　LSCO-Forest 检测性能（20%）

基分类器数量	3	5	10	15	20	25	50	100
准确率	0.8533	0.8684	0.8783	0.9027	0.8904	0.8767	0.8918	0.88
召回率	0.771	0.7951	0.7831	0.7831	0.7831	0.771	0.7951	0.7951
F1 值	0.8101	0.8301	0.828	0.8387	0.8333	0.8205	0.8407	0.8354

表 5.4　LSCO-Forest 检测性能（40%）

基分类器数量	3	5	10	15	20	25	50	100
准确率	0.8552	0.8918	0.9041	0.8918	0.9166	0.9041	0.9166	0.9041
召回率	0.7831	0.7951	0.7951	0.7951	0.7951	0.7951	0.7951	0.7951
F1 值	0.8176	0.8407	0.8461	0.8407	0.8516	0.8461	0.8516	0.8461

从表 5.2 可以发现，当有标签数据为原始数据的 10%时，随着基分类器数量的增加，准确率逐渐降低，而召回率与 F1 值则呈现波动，可能的原因是 LSCO-Forest 依赖基分类器多样性的假设，而基分类器数量的增加可能使得多样性受到破坏，使得检测性能在波动。

表 5.3 与表 5.4 的结果与之类似，这说明在使用 LSCO-Forest 时需要考虑基分类器的数量，同时也可以看到基分类器的数量其实对性能没有太大的影响，只要基分类器在一定的范围内，检测效果均较好，这说明实际中的选择可以通过经验设置，以达到较好的检测效果。

综上可以发现，提出的拉普拉斯得分法与半监督学习结合对检测社交网络中的托攻击有着较高的准确性，说明了所提方法的有效性。

5.4　本 章 小 结

社交网络开放性的特点使其容易受到托攻击的干扰。托攻击者伪造虚假用户，并通过与正常用户建立社交关系从而将垃圾信息传播，进而达到获取经济利益的目的。为了对社交网络中的虚假用户进行检测，本章首先使用拉普拉斯得分对特征进行选择，然后使用半监督随机森林的方法在部分标注的用户训练数据集上进行训练，得到一个检测托攻击的模型。实验结果证明本书提出的方法不仅具有较好的检测效果，而且能够在有标签数据集较少的情况下产生较好的检测结果，因而具有实际的使用价值。

第6章　基于协同训练的社会化推荐系统托攻击检测方法

6.1　引　　言

社会化推荐系统的基本思想是综合利用用户的评分数据与用户间的社交关系信息为用户产生推荐[28]。社会化推荐系统能够利用社交关系改善评分驱动的推荐系统面临的冷启动与稀疏性问题，并能够改善推荐结果，所以在实际系统中得到广泛的应用，但是其开放性的特点使其容易遭受托攻击。

社会化推荐系统中的托攻击指的是托攻击者通过注入虚假评分与虚假关系以构造攻击概貌。托攻击的存在使得社会化推荐系统的推荐结果受到操纵，降低了用户的购物体验，并破坏了系统的信誉度。在本书第3章中提出了常见的托攻击模型，并在几种典型的社会化推荐算法上进行测试，说明了所提模型的攻击有效性。本章主要关注社会化推荐系统中的托攻击检测问题。

社会化推荐系统托攻击检测的实质是把托攻击者注入的攻击概貌找出，即对正常用户概貌与虚假用户的攻击概貌进行分类，以达到检测托攻击的目的。社会化推荐系统中，用户概貌包括评分概貌与关系概貌，所以可以从两个方面抽取特征，以刻画用户不同角度的特性。同时由于社会化推荐系统中存在海量的用户数据，对全部的用户概貌进行标注需要大量的人力，因此实际中往往只能够得到少部分的有标签用户数据集以及大量的无标签用户数据集。

考虑到上述两种情况，本章提出将半监督协同训练应用到托攻击检测中[101,102]，并提出基于协同训练的社会化推荐托攻击检测算法（Co-Training Based Semi-Supervised Learning for Shilling Attack Detection，CO-SAD）。CO-SAD首先从用户的评分视图与关系视图抽取特征，然后再在两个特征子集上训练分类器，使用基于分歧的半监督学习算法对无标签数据进行标注以扩展有标签数据集，从而可以重新训练初始分类器。在实际数据集上的实验表明 CO-SAD 能够对常见的托攻击模型进行检测，而 CO-SAD 利用少量有标签训练数据集的特性使其具有实用价值。

本书提出的 CO-SAD 有两个创新点：①CO-SAD 将用户的评分信息与关系信息综合考虑，并利用第 4 章以及第 5 章提出的特征选择方法得到基于评分的与基于关系的特征；②CO-SAD 是一种基于半监督学习的分类算法，可以在协同训练框架中学习出两个分类器，在对无标签进行标注时可以利用对方分类器提供的信息，以提高预测准确性。

本章后续安排为，首先对社会化推荐系统中的托攻击模型进行简要总结，然后介绍 CO-SAD 的算法框架与关键步骤，接下来在 FilmTrust 数据集上进行实验，分析所提的 CO-SAD 算法对不同攻击模型的检测效果，最后是本章小结。

6.2　预 备 知 识

本节首先介绍社会化推荐系统托攻击模型，然后结合前面提出的特性选择方法分别从用户的评分信息与关系信息中提取特征，从而便于后续的托攻击检测工作。

6.2.1　社会化推荐系统托攻击模型

托攻击者通过注入攻击概貌达到操纵评分的目的，社会化推荐托攻击检测的实质是将系统中的攻击概貌找出，以实现对系统中真实存在的用户与注入的虚假用户的识别。虚假用户的攻击概貌分为两个部分，即评分攻击概貌与关系攻击概貌。其中评分攻击概貌包括选择项目集合 I_S、装填项目集合 I_F、未评分项目集合 $I_\emptyset$ 以及目标项目集合 I_t 四个部分[36]。关系攻击概貌包括击中用户集合 F_H、未击中用户集合 $F_\emptyset$ 两个部分。

托攻击者通过托攻击模型生成虚假用户的攻击概貌。将托攻击模型形式化为如下的二元组：Social attack model = <Rating attack model, Relationship attack model>。其中,评分攻击模型可以进一步形式化为 Rating attack model=<ss, sf, rt, rs, rf>，其中 ss 和 sf 为选择项目集合 I_S 和装填项目集合 I_F 的方式，一般 sf 为任意选择项目，而 ss 结合具体的攻击目的进行项目选择。rt、rs 与 rf 为对目标项目、选择项目和装填项目的评分策略。常见的评分攻击模型包括随机评分攻击、平均评分攻击、流行评分攻击以及分段评分攻击模型。在此基础上，混淆技术被提出以用于更有效地造成攻击,常见的混淆技术包括平均流行攻击模型。

关系攻击模型可以进一步形式化为 Relationship Attack=<sh>，即托攻击者选择正常用户建立关注关系的策略。常见的关系攻击模型包括随机关系攻击与流行关系攻击模型。评分攻击模型与关系攻击模型结合在一起构成了协同攻击模型。

6.2.2　用于检测社会化推荐系统托攻击的特征提取方法

社会化推荐系统中的用户包括评分信息与关系信息，为了有效地对托攻击进行检测，考虑同时从评分信息与关系信息中抽取特性。

在评分角度，本书使用基于流行度的分类特征，即从虚假用户与真实用户选择项目的行为入手，进而分析用户评分概貌中的流行度分布，以达到检测虚假用户的目的。

在关系角度，本书在抽取用户结构信息的基础上，使用基于拉普拉斯得分的特征选择方法选择有价值的特征。由于实际中样本的标签信息较少，而无监督特征选择方法难以实现较好的判别分析效果，所以本章使用拉普拉斯评分进行特征选择，以选择出判别能力较强的特征。

6.3　基于协同训练的托攻击检测算法

假设系统中原有的用户为真实的，而通过托攻击模型注入的用户是虚假的，那么托攻击检测的目的就是训练分类器将真实用户与虚假用户进行分类，以找到这些虚假用户注入的攻击概貌。托攻击模型是对真实系统中托攻击者行为的刻画，可以在缺乏攻击用户的情况下生成负样本，从而训练分类器。本节首先给出算法框架,然后按照框架中涉及的关键步骤对提出的算法 CO-SAD 进行说明。

6.3.1　算法框架

本书提出的 CO-SAD 基于半监督协同训练框架，同时在用户的评分信息与关系信息上抽取特征，然后训练分类器。注意到训练集中包括有标签用户数据集与无标签用户数据集。这个算法的框架如图 6.1 所示。

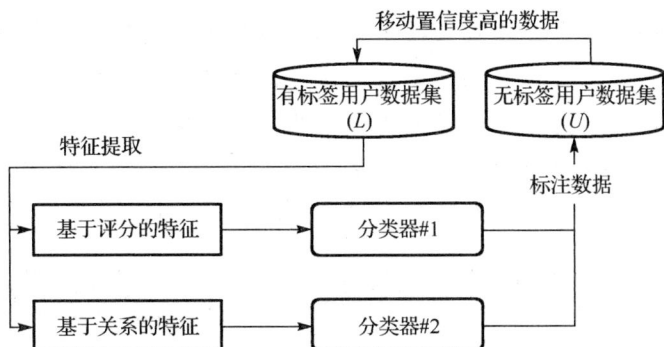

图 6.1　CO-SAD 算法框架图

从图 6.1 可以看到，整个算法包括两个模块，即特征提取模块与分类器训练模块。

1）特征提取模块

在这个模块中，用户概貌被转化为两个独立的特征子集，即基于评分的特征与基于关系的特征。

2）模型训练模块

在这个模块中，有标签数据与无标签数据同时利用从而得到组中的分类器。这个模块又可以分为两个子步骤：①分类器重新训练，即两个分类器在各自的特征视图上进行训练，注意每一次迭代过程中有新的无标签数据被标注，所以这个步骤是在新的有标签数据集上对分类器进行训练；②样本移动，即选择部分无标签数据加入到有标签数据。

在样本移动过程中，置信度较高的无标签数据会被选择，所以每一个该过程包括：①标注数据，即对无标签数据集中的数据进行标注并计算置信度；②移动数据，即选择置信度高的样本加入到有标签数据中用于重新训练分类器。

模型训练过程一直持续，直到训练出的分类器收敛。算法的输出是两个分类器，这两个分类器协同工作，以达到更好的托攻击检测效果。

6.3.2　特征提取

托攻击检测的目的是训练分类器从而对正常用户概貌与托攻击者的攻击概

貌进行区分。由于社会化推荐系统中包括大量的用户与项目，所以用户的评分概貌与关系概貌中包含较多的元素，未经过特征变换而直接在用户概貌上进行分类将面临数据高维的特性，降低了算法的检测效果。

　　因此，受到第 4 章以及第 5 章的启发，本章将用户概貌转化为如图 6.2 的统一格式，以达到降低数据维度、提高检测准确性的目的。

ID	标签	基于评分的特征				基于关系的特征		
#001	S/N	$FeaR_1$	$FeaR_2$	$\cdots$	$FeaR_r$	$FeaL_1$	$\cdots$	$FeaL_l$

图 6.2　社会化推荐系统用户特征形式

　　从图 6.2 可知，在本章中，用户概貌可以分为用户评分概貌与用户关系概貌，分别表示用户的基于评分的特征和基于关系的特征。对用户评分概貌，使用基于流行度的特征提取方法，得到用户 x_i 的基于评分的特征，记为 $x_i^{(1)} = (FeaR_{i,1}, FeaR_{i,2}, \cdots, FeaR_{i,r})$；对用户关系概貌，首先得到基本的关系特征，如关注数、被关注数、用户邻居的平均度等信息，然后利用拉普拉斯得分法选择特征，得到较为重要的基于关系的特征，本章采用交叉验证的方式选择最优分类器效果下的特征数量，基于关系的特征记为 $x_i^{(2)} = (FeaL_{i,1}, FeaL_{i,2}, \cdots, FeaL_{i,l})$。其中 r 为用户基于评分的特征的数量，l 为用户基于关系的特征的数量。

6.3.3　模型训练

　　给定有标签用户数据集合 $L = \{(x_i, y_i)\}_{i=1}^{|L|}$ 和无标签用户数据集合 $U = \{x_j\}_{j=1}^{U}$，其中，$|L|$ 表示有标签数据集的大小，$|U|$ 表示无标签数据集的大小。x_i 代表作为输入的用户 i 的概貌，$c_i \in \{-1, 1\}$ 表示作为输出的类标签，-1 表示正常用户类别，1 表示虚假用户类别。模型在 L 与 U 上同时训练，得到最终的分类器对输入的用户概貌进行分类判定。

　　经过特征选择模块之后，可以得到用户的两类特征，即基于评分的与基于关系的特征。所以每一个输入数据 x_i 可以进一步划分为两个视图，即代表评分信息的特征视图 $x_i^{(1)} = (FeaR_{i,1}, FeaR_{i,2}, \cdots, FeaR_{i,r})$ 和代表关系信息的特征视图 $x_i^{(2)} = (FeaL_{i,1}, FeaL_{i,2}, \cdots, FeaL_{i,l})$。相应地，有标签数据集 L 和无标签数据集 U 也能够根据用户数据的这两类划分，得到两个视图的表示，分别用 $L^{(1)}$，$L^{(2)}$ 以及

$U^{(1)}$，$U^{(2)}$进行表示。其中，上标 1 代表基于评分的特征子集，2 表示基于关系的特征子集。

本章使用协同训练的框架的同时学出两个分类器 $f^{(1)}$ 和 $f^{(2)}$ 以得到最终的分类器 f。在协同训练的框架中，需要迭代进行两个步骤：①训练，在这个步骤中，两个分类器在各自的特征子图对应的用户数据集上进行训练；②移动，在这个步骤中，$f^{(1)}$ 和 $f^{(2)}$ 将对 U 中的用户数据进行标注，其中那些置信度高的样本将从 U 移动到 L。这个过程一直迭代，直到 U 中没有数据或者达到一定的次数收敛。两个步骤将在后面详细介绍。

1）训练

第一个关键步是在对应视图的 $L^{(j)}$ 上训练分类器 $f^{(j)}$，j 为 1 的时候表示评分视图，j 为 2 的时候表示关系视图。使用朴素贝叶斯作为基础模型用于得到两个分类器。选择朴素贝叶斯作为基础分类器的原因包括两点：①朴素贝叶斯模型是一种常见的分类模型，使用朴素贝叶斯模型作为基础模型可以方便与其他相关工作进行对比；②朴素贝叶斯模型可以较好地与协同训练结合使用，如用户估计样本置信度等，为了方便起见，使用朴素贝叶斯模型作为基础模型。

根据属性视图的不同，标注样本集 L 分为两个部分 $L^{(1)}$ 和 $L^{(2)}$。c_i 是用户 i 的概貌类别，其中为-1 的时候表示正常用户概貌，为 1 的时候表示攻击概貌。设 $x_i^{(j)}$ 为用户 i 的第 j 个视图的特征子集，同样 j 取 1 或者 2。$P(c_i)^{(j)}$ 表示用户概貌属于 c_i 类的概率，这个概率可以通过 $L^{(j)}$ 中标签为 c_i 的概貌数量与 $L^{(j)}$ 中概貌总数量的比得到。

$P^{(j)}(x_i^{(j)}|c_i)$ 表示用户概貌 x_i 属于类别 c_i 的概率，可以通过式（6.1）进行计算，即

$$P_j(x_i^{(j)}|c_i)=\prod_{m=1}^{|x_i^{(j)}|}P^j(x_{i,m}^{(j)}|c_i)=\prod_{m=1}^{|x_i^{(j)}|}N(x_{i,m}^{(j)},\sigma_m,\mu_m) \qquad (6.1)$$

其中，$|x_i^{(j)}|$ 表示第 j 个特征子图中属性的个数；$|x_{i,m}^{(j)}|$ 则表示用户 i 的属性向量 $x_i^{(j)}$ 中的第 m 个属性；σ_m 和 μ_m 为 $L^{(j)}$ 中第 m 个属性属于类别 c_i 的均值与方差，可以通过 $L^{(j)}$ 上的数据得到。因为假定 $x_{i,m}^{(j)}$ 服从正态分布，$N(x_{i,m}^{(j)},\sigma_m,\mu_m)$ 则表示分别以 σ_m 和 μ_m 为均值和方差的正态分布。使用朴素贝叶斯的属性独立性假设，$P_j(x_i^{(j)}|c_i)$ 的值就是 $P^j(x_{i,m}^{(j)}|c_i)$ 的乘积，其中 $m=1,2,\cdots,|x_i^{(j)}|$，表示 $x_i^{(j)}$ 的各个属性。

可以使用当前的有标签数据集 $L^{(j)}$ 作为样本估计 $P^{(j)}(c_i)$ 和 $P^j(x_{i,m}^{(j)}|c_i)$ 的值，

因此，在第 j 特征视图下，一个用户概貌属于 c_i 类的后验概率，可以通过式（6.2）进行计算，即

$$P^j(c_i \mid x_{i,m}^{(j)}) = \frac{P^{(j)}(\boldsymbol{x}_i^j \mid c_i)P^{(j)}(c_i)}{P^{(j)}(\boldsymbol{x}_i^{(j)})}$$

$$= \frac{P^{(j)}(\boldsymbol{x}_i^j \mid c_i)P^{(j)}(c_i)}{\sum_{c_i \in \{0,1\}} P^{(j)}(\boldsymbol{x}_i^j \mid c_i)P^{(j)}(c_i)} \qquad (6.2)$$

其中，第一个等式中的 $P^{(j)}(\boldsymbol{x}_i^{(j)})$ 对一个确定的用户概貌而言是常数，所以可以转化为求解第二个等式。注意 $P^j(c_i \mid x_{i,m}^{(j)})$ 是在 $L^{(j)}$ 上进行估计而来的，其中 j 可以取 1 和 2，所以可以在 $L^{(1)}$ 和 $L^{(2)}$ 上分别得到两个后验概率 $P^1\left(c_i \mid x_{i,m}^{(j)}\right)$ 和 $P^2\left(c_i \mid x_{i,m}^{(j)}\right)$。通过这两个后验概率值可决定一个用户概貌是否正常，这两个后验概率值分别对应于两个朴素贝叶斯分类器 $f^{(j)}$。

2）移动

此步骤是把 U 中置信度高的样本移动到 L 中。这里面主要涉及移动多少个数据样本以及移动哪些数据样本。本章方法在每次迭代中每个分类器选择一个正常用户概貌和一个攻击概貌加入 L 中，即一次加入 4 个样本。

第二个问题涉及置信度推断，即每次选择置信度较高的样本，将它们从 L 中移动到 U 中。本章将样本的后验概率作为置信度，计算方法为

$$\mathrm{conf}^{(j)}(\boldsymbol{x}_i \mid c_i) = P^j(c_i \mid \boldsymbol{x}_i^{(j)}) \qquad (6.3)$$

其中，$j=1,2$ 表示第 j 个分类器对样本 $\boldsymbol{x}_i$ 的置信度估计；$P^j\left(c_i \mid \boldsymbol{x}_i^{(j)}\right)$ 为样本属于 c_i 类的概率，样本属于第 c_i 类的置信度由分类器 $f^{(j)}$ 的后验概率给出。

6.3.4　CO-SAD 模型与结果预测

当进行特征选择和模型训练以后，就可以得到 CO-SAD 的基本流程，具体如算法 6.1 所示。

算法 6.1　CO-SAD 流程

输入：L，有标签用户数据集；U，无标签用户数据集。
输出：两个分类器 $f^{(1)}$，$f^{(2)}$。

步骤：

（1）根据特征选择方法，得到用户的基于评分特征子集以及基于关系的特征子集两个视图。

（2）将 L 与 U 根据两类特征子集划分为 $L^{(j)}$ 以及 $U^{(j)}$，j=1, 2。

（3）根据 $L^{(j)}$ 初始化分类器 $f^{(j)}$。

（4）重复，直到 U 中没有用户数据。

① 利用分类器 $f^{(j)}$ 对 U 的样本进行标注，照式（6.3）计算样本的置信度。

② 对于每一个特征子图 j 下，对每一个类别 c_i，选择出置信度最高的样本，将它们从 U 移动至 L。

③ 利用更新的 $L^{(j)}$ 对分类器进行重新训练。

（5）返回最终的分类器 $f^{(1)}$ 和 $f^{(2)}$。

当算法运行停止以后，可以得到两个分类器 $f^{(1)}$ 和 $f^{(2)}$。为了对新的用户数据进行类别判断，两个分类器需要协同工作从而进行判断。因此，可以按照式（6.4）计算新用户 $\boldsymbol{x}_i$ 为虚假用户的得分 Score_i，即

$$\text{Score}_i = \frac{\sum_{j=1}^{2} P^j(c_i = 1 \mid \boldsymbol{x}_i^{(j)})}{\sum_{j=1}^{2} P^j(c_i = -1 \mid \boldsymbol{x}_i^{(j)})} \tag{6.4}$$

其中，$P^j(c_i = 1 \mid \boldsymbol{x}_i^{(j)})$ 是第 j 个分类器 $f^{(j)}$ 判定新样本属于虚假用户类别的概率。得分超过阈值 δ 的用户数据将被判定为攻击概貌，这里将 δ 取为 1，因为这是一个新的数据为攻击概貌的临界值。

6.4　实验与结果分析

本节将报告实验结果并进行讨论分析。首先将介绍实验设置，然后将给出 CO-SAD 对各类社会化推荐系统托攻击检测的效果。

6.4.1　实验设置

1）数据集

本章采用 FilmTrust 数据集[54]。FilmTrust 是从真实系统中爬取的数据集，包含用户对电影的评分数据以及用户间的信任关系。在 FilmTrust 中，用户给电影的评分范围是 0.5～4 分，共八个等级。用户与用户之间的关系是一个二元

关系，即 1 表示信任关系，0 表示没有信任关系。数据集中包含 1508 个用户对 2071 个项目的 35497 个评分信息以及 1632 条用户之间的信任关系信息。

2）评价指标

使用了常用的准确率、召回率及两者的综合指标 F1 值作为评价指标。设 N 为分类器预测出的虚假用户数，N_a 为分类器正确分类出的虚假用户数，N_t 为系统中实际存在的虚假用户数，则准确率、召回率及综合指标 F1 值计算方式如下[96]

$$Precision = \frac{N_a}{N} \tag{6.5}$$

$$Recall = \frac{N_a}{N_t} \tag{6.6}$$

$$F1\text{-measure} = \frac{2 \times Precision \times Recall}{Precision + Recall} \tag{6.7}$$

准确率说明分类器检测的虚假用户有多少是真正的虚假用户，召回率衡量分类器能够将系统中真正的虚假用户判定的能力，而 F1 值则是准确率与召回率的加权平均，能够同时考虑分类器在准确率与召回率指标下的表现。

3）对比方法

由于尚未有研究对社会化推荐中的托攻击进行深入的研究，为了将提出的 CO-SAD 方法进行对比，本章将朴素贝叶斯算法作为比较对象，即使用监督型的算法对用户概貌进行检测。这里将这种方法记为 Bayes-SAD。

4）实验设置

由于需要将所提的半监督学习方法与监督型的方法进行比较，这里将数据分为十份，其中两份用于测试，八份用于训练。本书提出的 CO-SAD 方法与监督型的 Bayes-SAD 方法将在公共的测试集上进行测试。其中，Bayes-SAD 使用全部的八份训练集进行训练，而 CO-SAD 使用一份有标签的数据和剩下的七份无标签的数据进行训练。

在本实验中，CO-SAD 使用 10%有标注的样本和 70%未标注的样本进行训练，Bayes-SAD 使用全部的 80%的训练数据进行训练。为了保证结果的准确性，这里按照同样的设置进行 100 次，并同时在公共的测试数据集上分析结果，取这 100 次的平均结果作为最后的实验结果，以得到较准确的结果。

6.4.2　实验结果分析

1）CO-SAD 检测各类攻击效果分析

社会化托攻击模型包括评分攻击与关系攻击，而评分攻击与关系攻击在推荐系统与在线社交网络中已经有较多的研究，因此主要研究 CO-SAD 在检测各类协同攻击模型情况下的表现。为了报告实验结果，选用随机评分攻击、平均评分攻击、流行评分攻击以及平均流行评分攻击四种评分攻击方式，随机关系攻击、流行关系攻击两种关系攻击方式组合产生八种协同攻击。在流行评分攻击时，固定选择规模为 2%，在平均流行评分攻击时，固定 Top-x%参数为 20%以得到结果。

同时注意 FilmTrust 中是有向关系，正常用户对虚假用户建立反向信任关系需要依赖于正常用户的选择，在建立托攻击模型时忽略了正常用户对虚假用户反向社交关系的建立。但是这样会造成虚假用户没有被关注，因此为了避免这种情况，在设计实验的时候，在虚假用户的内部随机选择 10%的用户进行关注，以表现得与正常用户类似。

（1）首先分析随机关系攻击下的 CO-SAD 对各类协同攻击的检测效果。这里选用 3‰和 5‰的关系攻击率，攻击规模从 5%变动到 12%，同时装填规模从 1%变动到 10%。

表 6.1～表 6.4 分别是在随机关系攻击情况下，CO-SAD 检测结合随机评分攻击、平均评分攻击、流行评分攻击以及平均流行评分攻击的协同攻击时的 F1 值。从中可以发现，在关系攻击率增加时，只在评分的攻击规模为 5%时，F1 值总体来说程变小的趋势。这说明在评分较少的情况下，关系攻击率的增多会使得虚假用户检测变得困难。同时，随着攻击规模的增加，检测效果越来越好，原因是群体性的攻击行为使得虚假用户更容易被检测出来。

表 6.1　CO-SAD 检测随机关系攻击+随机评分攻击

关系攻击率/‰	装填规模/%　　攻击规模/%	1	3	5	7	10
3	5	0.987	0.988	0.982	0.990	0.983
	7	0.992	0.987	0.974	0.993	0.989
	10	0.980	0.975	0.985	0.992	0.975
	12	0.987	0.996	0.996	0.997	0.996
5	5	0.984	0.979	0.976	0.999	0.968
	7	0.990	0.995	0.997	0.999	0.994
	10	0.977	0.974	0.997	0.994	0.994
	12	0.991	0.994	0.988	0.992	0.988

表 6.2　CO-SAD 检测随机关系攻击+平均评分攻击

关系攻击率/‰	攻击规模/% 装填规模/%	1	3	5	7	10
3	5	0.996	0.978	0.983	0.994	0.994
	7	0.987	0.980	0.987	0.984	0.997
	10	0.990	0.993	0.994	0.983	0.996
	12	0.997	0.988	0.989	0.992	0.989
5	5	0.980	0.928	0.973	0.963	0.980
	7	0.991	0.993	0.991	0.996	0.995
	10	0.997	0.990	0.985	0.993	0.991
	12	0.994	0.997	0.998	0.997	0.981

表 6.3　CO-SAD 检测随机关系攻击+流行评分攻击

关系攻击率/‰	攻击规模/% 装填规模/%	1	3	5	7	10
3	5	0.965	0.993	0.981	0.979	0.972
	7	0.988	0.972	0.975	0.981	0.995
	10	0.984	0.994	0.971	0.977	0.994
	12	0.981	0.992	0.988	0.989	0.994
5	5	0.915	0.988	0.983	0.979	0.954
	7	0.987	0.994	0.981	0.993	0.996
	10	0.981	0.993	0.973	0.985	0.990
	12	0.990	0.991	0.993	0.994	0.997

表 6.4　CO-SAD 检测随机关系攻击+平均流行评分攻击

关系攻击率/‰	攻击规模/% 装填规模/%	1	3	5	7	10
3	5	0.984	0.975	0.988	0.945	0.994
	7	0.985	0.978	0.998	0.985	0.993
	10	0.988	0.987	0.993	0.984	0.991
	12	0.991	0.995	0.991	0.995	0.988
5	5	0.976	0.979	0.959	0.979	0.991
	7	0.977	0.997	0.998	0.993	0.998
	10	0.987	0.994	0.994	0.991	0.990
	12	0.992	0.988	0.998	0.995	0.996

同时从表 6.1、表 6.2 及表 6.4 可以发现，在检测随机评分攻击、平均评分

攻击与平均流行评分攻击下的协同攻击时，CO-SAD 具有较好的效果，而从表 6.3 可以发现，流行攻击的检测效果稍不足，可能的原因是基于流行度的分类特征在检测流行攻击时可能会把正常用户误判为虚假用户，造成一定程度的精度损失。但是综合以上结果，可以发现，CO-SAD 对各类协同攻击均具有较好的检测效果。

（2）然后分析随机关系攻击下的 CO-SAD 对各类协同攻击的检测效果。这里同样选用 3‰和 5‰的关系攻击率，攻击规模从 5%变动到 12%，同时装填规模从 1%变动到 10%。

表 6.5～表 6.8 分别是流行关系攻击情况下，CO-SAD 检测结合随机评分攻击、平均评分攻击、流行评分攻击以及平均流行评分攻击的协同攻击时的 F1 值。可以发现，大体上 CO-SAD 对流行关系攻击与随机关系攻击下的协同攻击检测情况是类似的。即随着攻击规模的增加，检测结果越来越好。随着装填规模的增加，效果呈现波动，同时也可以发现流行攻击的检测效果稍差于其他攻击形式。

表 6.5　CO-SAD 检测流行关系攻击+随机评分攻击

关系攻击率/‰	装填规模/%　攻击规模/%	1	3	5	7	10
3	5	0.964	0.975	0.971	0.964	0.959
	7	0.978	0.980	0.974	0.979	0.971
	10	0.990	0.986	0.997	0.985	0.977
	12	0.987	0.987	0.991	0.985	0.983
5	5	0.959	0.900	0.958	0.980	0.962
	7	0.976	0.992	0.974	0.987	0.983
	10	0.984	0.987	0.975	0.991	0.997
	12	0.996	0.999	0.996	0.998	0.999

表 6.6　CO-SAD 检测流行关系攻击+平均评分攻击

关系攻击率/‰	装填规模/%　攻击规模/%	1	3	5	7	10
3	5	0.978	0.952	0.961	0.924	0.974
	7	0.983	0.979	0.952	0.986	0.993
	10	0.987	0.994	0.988	0.976	0.995
	12	0.972	0.994	0.984	0.980	0.983
5	5	0.965	0.977	0.948	0.930	0.976
	7	0.975	0.993	0.986	0.989	0.983
	10	0.987	0.972	0.988	0.979	0.967
	12	0.993	0.996	0.998	0.996	0.997

表 6.7　CO-SAD 检测流行关系攻击+流行评分攻击

关系攻击率/‰	攻击规模/% ＼ 装填规模/%	1	3	5	7	10
3	5	0.880	0.957	0.973	0.968	0.911
	7	0.959	0.977	0.986	0.978	0.981
	10	0.978	0.991	0.978	0.990	0.987
	12	0.982	0.990	0.983	0.982	0.996
5	5	0.954	0.950	0.960	0.962	0.969
	7	0.951	0.993	0.978	0.970	0.991
	10	0.965	0.970	0.981	0.990	0.985
	12	0.988	0.997	0.989	0.995	0.998

表 6.8　CO-SAD 检测流行关系攻击+平均流行评分攻击

关系攻击率/‰	攻击规模/% ＼ 装填规模/%	1	3	5	7	10
3	5	0.934	0.961	0.973	0.972	0.979
	7	0.972	0.975	0.971	0.976	0.982
	10	0.987	0.991	0.990	0.989	0.987
	12	0.984	0.989	0.990	0.984	0.989
5	5	0.952	0.971	0.979	0.967	0.994
	7	0.981	0.986	0.991	0.990	0.971
	10	0.989	0.987	0.989	0.989	0.988
	12	0.996	0.997	0.997	0.998	0.995

但是在流行关系攻击下还有一些有别于随机关系攻击的特点，首先，整体的检测率均低于随机关系攻击，这说明结合流行关系攻击的协同攻击是一种更难以检测的攻击形式。并且可以发现在攻击规模为 10% 的情况下，检测率基本都是 99%，这说明正常用户群体与异常用户群体的区别会随着攻击规模的增加而变得更加明显，有利于对攻击的检测，这也启发我们后续从群体特点入手，对托攻击进行检测。

2）CO-SAD 与 Bayes-SAD 检测效果对比分析

进一步，为了说明 CO-SAD 的优越性，考虑将 CO-SAD 与相关的工作进行对比。由于目前尚未有工作对这方面进行深入研究，所以考虑使用监督型的方法作为对比方法，即将 CO-SAD 与 Bayes-SAD 进行对比。

这里固定攻击规模为 10%，变动装填规模为 1%～10%。查看随机关系攻击和流行关系攻击情况下，结合随机评分攻击、平均评分攻击、流行评分攻击以及平均流行评分攻击的协同攻击模型下 CO-SAD 的表现。

图 6.3 是 CO-SAD 在检测随机关系攻击与随机评分攻击结合的协同攻击下的效果,可以发现随着装填规模的增加,CO-SAD 检测的 F1 值均高于 Bayes-SAD。同时 CO-SAD 与 Bayes-SAD 的检测效果均呈现一定的波动。图 6.4 是 CO-SAD 在检测流行关系攻击与随机评分攻击结合的协同攻击下的效果。可以发现 CO-SAD 在装填规模较大与较小时均比 Bayes-SAD 效果好,但是当装填规模为 5%时,CO-SAD 的效果不如 Bayes-SAD,这说明 CO-SAD 容易受到装填规模的影响,但是整体上 CO-SAD 的检测效果均表现较好。

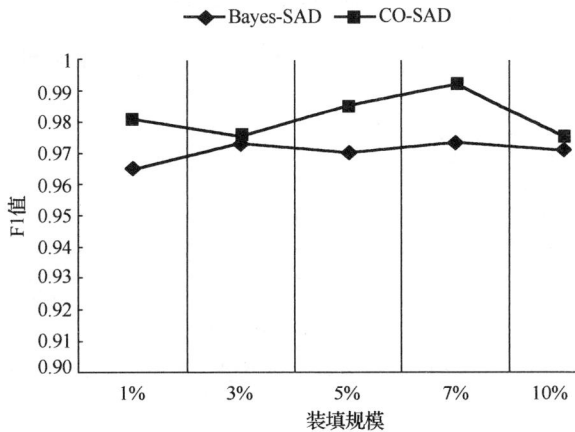

图 6.3　CO-SAD 检测随机关系攻击+随机评分攻击表现

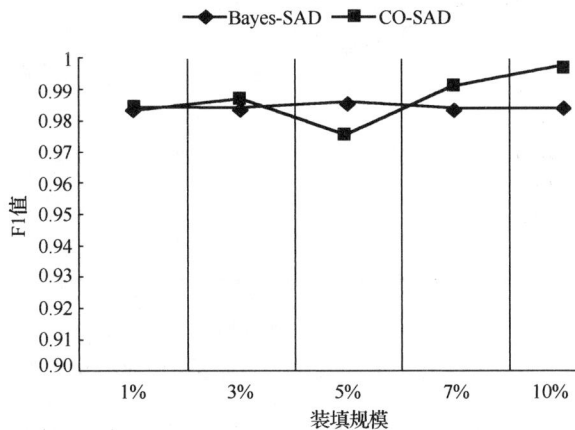

图 6.4　CO-SAD 检测流行关系攻击+随机评分攻击表现

图 6.5 是 CO-SAD 在检测随机关系攻击与平均评分攻击结合的协同攻击下的效果,从中可以发现 CO-SAD 的效果好于 Bayes-SAD。图 6.6 是 CO-SAD 在

检测流行关系攻击与平均评分攻击结合的协同攻击下的效果，从图中可以得到检测此类攻击时，CO-SAD 的效果不如监督型方法，同时可以发现 Bayes-SAD 的检测效果优于检测随机关系攻击下的情况，而 CO-SAD 正好相反，说明 CO-SAD 对于流行关系攻击时容易对正常用户误判，可能的原因是在关系视图中无法准确地对正常用户与虚假用户进行分类。

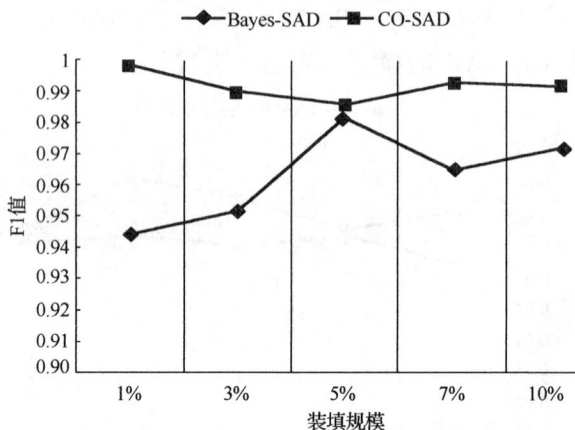

图 6.5　CO-SAD 检测随机关系攻击+平均评分攻击表现

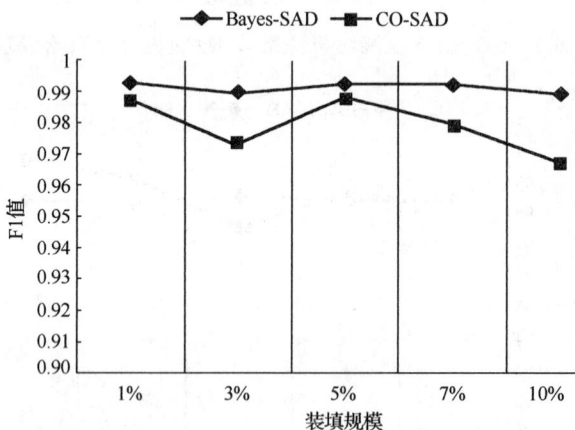

图 6.6　CO-SAD 检测流行关系攻击+平均评分攻击表现

图 6.7 与图 6.8 是 CO-SAD 在检测关系攻击与流行评分攻击结合的协同攻击下的效果。整体上的表现与检测平均评分攻击类似，同时可以发现，在检测随机关系攻击时，检测效果呈现波动，但是在检测流行关系攻击时，CO-SAD 与 Bayes-SAD 的检测效果均是逐渐提高的。

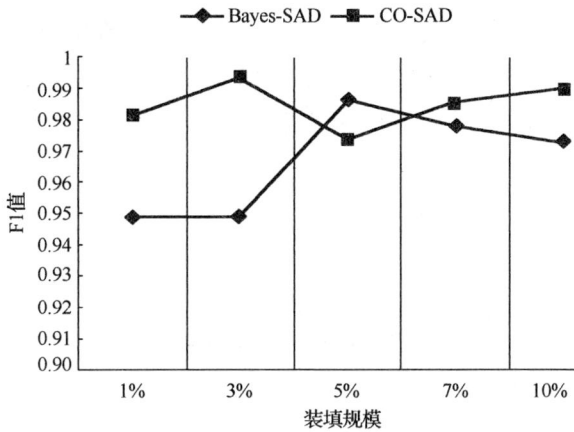

图 6.7　CO-SAD 检测随机关系攻击+流行评分攻击表现

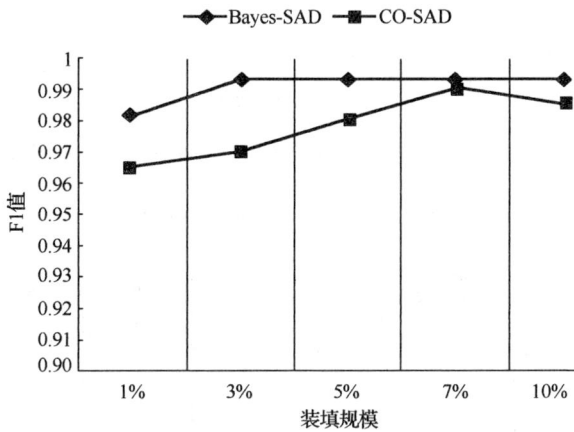

图 6.8　CO-SAD 检测流行关系攻击+流行评分攻击表现

图 6.9 是 CO-SAD 在检测随机关系攻击与平均流行评分攻击结合的协同攻击下的效果。图 6.10 是 CO-SAD 在检测流行关系攻击与平均流行评分攻击结合的协同攻击下的效果。从中可以发现，随着装填规模的增加，CO-SAD 与 Bayes-SAD 检测效果均下降，同时 CO-SAD 的检测效果均好于 Bayes-SAD。

综上所述，CO-SAD 在检测随机关系攻击下的协同攻击时效果均好于 Bayes-SAD。但是在检测流行关系攻击下的协同攻击时，效果可能低于 Bayes-SAD，一个可能的原因是，在这种情况下，虚假用户在关系视图的表现与正常用户类似，造成检测不足，这启发我们提出更有针对性的基于关系的特征。

同时可以发现，社会化推荐托攻击对社会化推荐能够造成影响，但是由于虚假用户需要考虑到评分与关系的构造，可以从不同的视角进行检测，所以检测的难度低于传统攻击。实验中仅利用了 10%的有标签数据集进行训练，但是取得了接近甚至超过监督学习的检测效果，这进一步说明了提出的 CO-SAD 检测方法的实用价值。

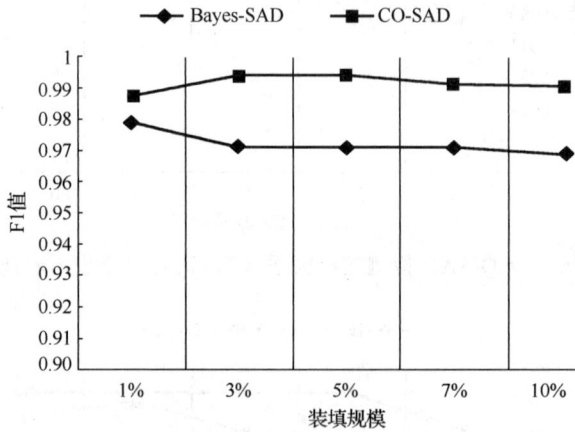

图 6.9　CO-SAD 检测随机关系攻击+平均流行评分攻击表现

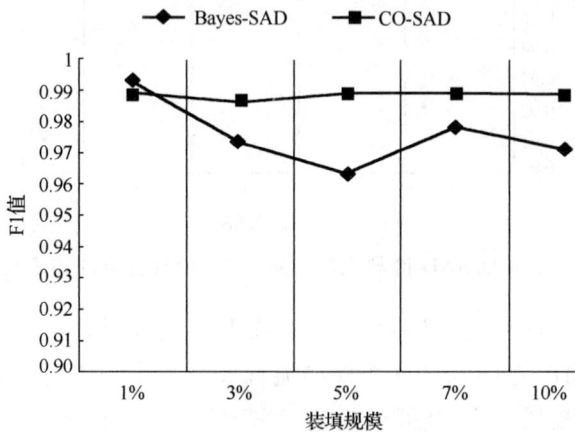

图 6.10　CO-SAD 检测流行关系攻击+平均流行评分攻击表现

　　本章提出的社会化推荐系统托攻击模型对系统中托攻击者的攻击形式进行了概括，所以在此基础上训练的分类器具有实际意义。虽然实际社会化推荐系统中的托攻击形式可能发生各类变化，但是本书提出的检测思路仍然具有实用性，原因是特征提取方法是通用的，而提出的 CO-SAD 方法也是通用的，按照本书提出的算法框架可以较为有效地对实际中托攻击者的各类攻击进行检测。

6.5 本 章 小 结

社会化推荐系统可以利用社交关系改善推荐结果，但是社会化推荐系统容易受到托攻击。本章将协同训练用于检测社会化推荐系统中的托攻击，并提出一种检测算法 CO-SAD。CO-SAD 首先从用户的评分视图与关系视图抽取特征，然后基于这两种特征，CO-SAD 同时训练两个分类器，从而能够利用大量的无标签用户数据集来改善检测效果。在 FilmTrust 上的实验表明 CO-SAD 能够对社会化推荐系统中存在的托攻击进行较好的检测，从而能够保障社会化推荐系统的有序运行。

第 7 章　总结与展望

7.1　总　　结

社会化推荐系统利用社交关系作为额外输入，可以有效解决评分驱动的推荐系统中存在的稀疏性与冷启动等问题，同时可以提高推荐的准确性。社会化推荐系统在给运营商带来利润的同时，还提升了用户的购物满意度，因此广泛应用于各大电子商务站点。然而由于社会化推荐系统开放性的特点，托攻击者通过注入虚假欺骗信息（如虚假评分与虚假关系等）操纵推荐结果，影响商品排名，进而影响用户购物体验并损害商家的正常利益。

为了保障社会化推荐系统免受托攻击，本书首先探究面向社会化推荐系统的托攻击模型，在此基础上提出面向社会化推荐系统托攻击的检测方法。本书主要完成了三个方面的工作：一是对社会化推荐系统中可能存在的攻击形式进行归纳，提出面向社会化推荐系统的托攻击模型；二是提出用于检测虚假评分与虚假关系的特征提取方法，以对评分驱动的推荐系统和关系驱动的社交网络中的托攻击进行检测；三是在特征提取的基础上，提出社会化推荐系统托攻击检测方法。本书的主要结论包括如下几个方面。

（1）提出面向社会化推荐系统的托攻击模型，并评估了各类模型对社会化推荐算法的攻击效果。社会化推荐系统是评分与关系同时驱动的，因此社会化推荐系统可能受到虚假评分与虚假关系的影响。本书对托攻击者可能的攻击形式进行概括，得出托攻击模型。实验结果说明本书提出的托攻击模型能够对社会化推荐算法造成较大影响，从而验证了所提模型的有效性。

（2）提出基于流行度的分类特征，并用于评分驱动的推荐系统中的托攻击检测。虚假用户与正常用户选择行为的不同，造成两类用户的用户概貌中已评分项目的流行度分布不同。本书利用用户概貌中项目的流行度分布，提出基于流行度的分类特征，进而结合分类算法，得到托攻击检测算法，对推荐系统中的虚假用户进行检测。实验证实本书提出的方法较已有方法具有更为高效、准确的检测效果，并且能自适应地适用于各类攻击。

（3）提出基于拉普拉斯得分的特征提取方法，并用于关系驱动的社交网络中的托攻击检测。首先利用拉普拉斯得分，对用户数据的特征进行提取。该方法是一种无监督型的特征选择方法，可以与半监督随机森林结合，得到最终的适用于检测社交网络虚假用户的分类算法。实验说明本书提出的方法不仅能够降低数据特征维度，而且能够提高检测的准确性。

（4）提出基于半监督协同训练的分类方法，并用于评分与关系同时驱动的社会化推荐系统中的托攻击检测。社会化推荐系统中托攻击者可以同时注入虚假评分与虚假关系，所以可以在评分角度与关系角度对用户进行特征提取。在得到两个视图特征子图的基础上，使用半监督协同训练分类器，进而同时利用有标签数据与无标签用户数据改善检测结果。实验表明提出的方法在数据标签缺少的情况下，仍然可以取得较好的检测效果，进而验证所提托攻击检测方法的有效性。

7.2　展　　望

本书主要工作包括社会化推荐系统的托攻击建模、特征提取方法和托攻击检测方法。本书探讨了社会化推荐系统的安全性问题，并提出相应的解决策略，实验结果表明了所提攻击模型与检测方法的有效性，但是仍然有一些相应的工作需要改进。

（1）本书通过仿真的手段注入虚假用户，以用于实现一个托攻击检测分类器，但是对于实际中的攻击检测效果需要进一步验证。因此未来的一个重要工作是对社会化推荐系统中的用户数据进行收集与标注，形成公开数据集从而促进社会化推荐系统托攻击检测的研究。

（2）本书在对虚假用户进行检测时把用户作为独立同分布的数据进行处理，然后利用特征提取方法得到用户的低维特征便于分类，但是这种处理方式忽略了用户之间的关系信息。社会化推荐系统中相互关联的用户数据可以表示为图结构，因此未来可以把托攻击检测问题转化为基于图的异常检测问题，然后利用关系分类方法对虚假用户进行检测。

（3）本书的托攻击检测是在一个经过抽样的小样本数据集上进行的，但是实际的社会化推荐系统中的用户规模是十分庞大的，给传统的检测方法提出了挑战。大规模数据环境中的用户数据具有高维稀疏和规模大等特点，因此未来的工作主要包括大规模数据集下的托攻击检测问题，重点探讨并行分布式环境下的托攻击检测算法，以达到保持检测效果的同时，提高检测的准确率。

（4）本书针对现有的社会化推荐系统进行托攻击检测，但是实际中更为有效的策略是设计抗托攻击的社会化推荐系统。因此未来的工作需要考察新的社会化推荐技术，在提高推荐精度的同时，需要分析算法在受到噪声数据污染或者托攻击时的性能，以使得社会化推荐系统能在受到攻击时可以正常运行。

参 考 文 献

[1] Özkan E, Tolon M. The effects of information overload on consumer confusion: An examination on user generated content[J]. Bogazici Journal: Review of Social, Economic & Administrative Studies, 2015, 29(1): 27-51.

[2] Edmunds A, Morris A. The problem of information overload in business organizations: A review of the literature[J]. International Journal of Information Management, 2000, 20(1): 17-28.

[3] Adamopoulos P, Tuzhilin A. On unexpectedness in recommender systems: Or how to better expect the unexpected[J]. ACM Transactions on Intelligent Systems and Technology (TIST), 2015, 5(4): 54.

[4] Webrazzi. Recommendation systems: Increasing profit by long tail[EB/OL]. http://en.webrazzi. com/2009/09/18/recommendation-systems-increasing-profit-by-long-tail/ [2013-6-5].

[5] 刘尚堃. 京东数据驱动下的个性化推荐[EB/OL]. http://sz2015.archsummit.com/presentation/2686 [2015-10-2].

[6] Lu J, Wu D, Mao M, et al. Recommender system application developments: A survey[J]. Decision Support Systems, 2015, 74: 12-32.

[7] He X. Understanding diffusion processes: Inference and theory[C]. Proceedings of the Ninth ACM International Conference on Web Search and Data Mining, 2016: 707.

[8] 赵洪涌, 朱霖河. 社交网络中谣言传播动力学研究[J]. 南京航空航天大学学报, 2015, 47(3): 332-342.

[9] Statista. Number of monthly active Facebook users worldwide as of 3rd quarter 2016 (in millions)[EB/OL]. https://www.statista.com/statistics/264810/number-of-monthly-active-facebook-users-worldwide/ [2016-6-30].

[10] Statista. Number of monthly active Twitter users worldwide from 1st quarter 2010 to 3rd quarter 2016 (in millions)[EB/OL]. http://www.statista.com/statistics/282087/number-of-monthly-active-twitter-users/ [2016-6-30].

[11] 樊博. 2015 微博用户发展报告[EB/OL]. http://data.weibo.com/report/reportDetail?id=304 [2016-1-5].

[12] Kim Y, Srivastava J. Impact of social influence in e-commerce decision making[C]. Proceedings of the Ninth International Conference on Electronic Commerce, 2007: 293-302.

[13] Tang J, Hu X, Liu H. Social recommendation: A review [J]. Social Network Analysis and Mining, 2013, 3(4): 1113-1133.

[14] Bapna R, Umyarov A. Do your online friends make you pay? A randomized field experiment on peer influence in online social networks [J]. Management Science, 2015, 61(8): 1902-1920.

[15] Kywe S M, Lim E P, Zhu F. A survey of recommender systems in Twitter[C]. International Conference on Social Informatics, 2012: 420-433.

[16] Li Y M, Chou C L, Lin L F. A social recommender mechanism for location-based group commerce[J]. Information Sciences, 2014, 274: 125-142.

[17] Guy I. Social Recommender Systems[M]. Recommender Systems Handbook. New York: Springer US, 2015.

[18] Gunes I, Kaleli C, Bilge A, et al. Shilling attacks against recommender systems: A comprehensive survey[J]. Artificial Intelligence Review, 2014, 42(4): 767-799.

[19] Yang Z, Wilson C, Wang X, et al. Uncovering social network sybils in the wild[J]. ACM Transactions on Knowledge Discovery from Data (TKDD), 2014, 8(1): 2.

[20] 刘建国, 周涛, 汪秉宏. 个性化推荐系统的研究进展[J]. 自然科学进展, 2009, 19(1): 1-15.

[21] Resnick P, Iacovou N, Suchak M, et al. GroupLens: An open architecture for collaborative filtering of netnews[C]. Proceedings of the 1994 ACM Conference on Computer Supported Cooperative Work, 1994: 175-186.

[22] Hill W, Stead L, Rosenstein M, et al. Recommending and evaluating choices in a virtual community of use[C]. Proceedings of the SIGCHI Conference on Human Factors in Computing Systems, 1995: 194-201.

[23] Adomavicius G, Tuzhilin A. Toward the next generation of recommender systems: A survey of the state-of-the-art and possible extensions[J]. IEEE Transactions on Knowledge and Data Engineering, 2005, 17(6): 734-749.

[24] Lops P, De Gemmis M, Semeraro G. Content-based Recommender Systems: State of the Art and Trends [M]. New York: Springer, 2011.

[25] Su X, Khoshgoftaar T M. A survey of collaborative filtering techniques[J]. Advances in Artificial Intelligence, 2009: 4.

[26] Burke R. Hybrid recommender systems: Survey and experiments[J]. User Modeling and User-Adapted Interaction, 2002, 12(4): 331-370.

[27] Golbeck J. Generating Predictive Movie Recommendations From Trust in Social Networks [M]. Berlin: Springer, 2006.

[28] 周超, 李博. 一种基于用户信任网络的推荐方法[J]. 北京邮电大学学报, 2014(4): 98-102.

[29] Ma H, King I, Lyu M R. Learning to recommend with explicit and implicit social relations [J]. ACM Transactions on Intelligent Systems and Technology (TIST), 2011, 2(3): 29.

[30] 胡祥, 王文东, 龚向阳,等. 基于流形排序的社会化推荐方法[J]. 北京邮电大学学报, 2014(3): 18-22.

[31] 邹本友, 李翠平, 谭力文,等. 基于用户信任和张量分解的社会网络推荐[J]. 软件学报, 2014(12): 2852-2864.

[32] Lam S K, Riedl J. Shilling recommender systems for fun and profit[C]. Proceedings of the 13th International Conference on World Wide Web, 2004: 393-402.

[33] Burke R, Mobasher B, Zabicki R, et al. Identifying attack models for secure recommendation[C]. Beyond Personalization: A Workshop on the Next Generation of Recommender Systems, 2005: 19-25.

[34] O'Mahony M P, Smyth B. Collaborative web search: A robustness analysis[J]. Artificial Intelligence Review, 2007, 28(1): 69-86.

[35] Feng Q, Liu L, Dai Y. Vulnerabilities and countermeasures in context-aware social rating services[J]. ACM Transactions on Internet Technology (TOIT), 2012, 11(3): 11.

[36] Chirita P A, Nejdl W, Zamfir C. Preventing shilling attacks in online recommender systems[C]. Proceedings of the 7th Annual ACM International Workshop on Web Information and Data Management, 2005: 67-74.

[37] Mobasher B, Burke R, Williams C, et al. Analysis and detection of segment-focused attacks against collaborative recommendation[C]. Proceedings of Advances in Web Mining and Web Usage Analysis, 2005: 96-118.

[38] Mehta B, Hofmann T, Fankhauser P. Lies and propaganda: Detecting spam users in collaborative filtering[C]. Proceedings of the 12th International Conference on Intelligent User Interfaces, 2007: 14-21.

[39] Mehta B, Nejdl W. Unsupervised strategies for shilling detection and robust collaborative filtering[J]. User Modeling and User-Adapted Interaction, 2009, 19(1-2): 65-97.

[40] 杨檽, 解旻, 黄玮, 等. 基于协同谱聚类的推荐系统托攻击防御算法[J]. 北京邮电大学学报, 2015, 38(6): 119-124.

[41] Wu Z, Wu J, Cao J, et al. HySAD: A semi-supervised hybrid shilling attack detector for trustworthy product recommendation[C]. Proceedings of the 18th ACM SIGKDD International Conference on Knowledge Discovery and Data Mining, 2012: 985-993.

[42] Cao J, Wu Z, Mao B, et al. Shilling attack detection utilizing semi-supervised learning method for collaborative recommender system[J]. World Wide Web, 2013, 16(5-6): 729-748.

[43] Aggarwal A, Almeida J, Kumaraguru P. Detection of spam tipping behaviour on foursquare[C]. Proceedings of the 22nd International Conference on World Wide Web Companion, International World Wide Web Conferences Steering Committee, 2013: 641-648.

[44] Lee K, Caverlee J, Webb S. Uncovering social spammers: Social honeypots+machine learning[C]. Proceedings of the 33rd International ACM SIGIR Conference on Research and Development in Information Retrieval, 2010: 435-442.

[45] Gao H, Hu J, Wilson C, et al. Detecting and characterizing social spam campaigns[C]. Proceedings of the 10th ACM SIGCOMM Conference on Internet Measurement, 2010: 35-47.

[46] Li Z, Zhang X, Shen H, et al. A Semi-supervised framework for social spammer detection[C]. Proceedings Advances in Knowledge Discovery and Data Mining, 2015: 177-188.

[47] Zeng C, Xing C X, Zhou L Z. Similarity measure and instance selection for collaborative filtering[C]. Proceedings of the 12th International Conference on World Wide Web, 2003: 652-658.

[48] Li W, Li H, Gao M. A novel similarity calculation method based on principal component[C]. Computer Science and Applications: Proceedings of the 2014 Asia-Pacific Conference on Computer Science and Applications (CSAC 2014), 2015: 327.

[49] Hofmann T. Latent semantic models for collaborative filtering[J]. ACM Transactions on Information Systems (TOIS), 2004, 22(1): 89-115.

[50] 孟祥武, 刘树栋, 张玉洁, 等. 社会化推荐系统研究[J]. 软件学报, 2015, 26(6): 1356-1372.

[51] Victor P, Cornelis C, De Cock M, et al. A comparative analysis of trust-enhanced recommenders for controversial items[C]. ICWSM, 2009: 342-345.

[52] Zafarani R, Abbasi M A, Liu H. Social Media Mining: An Introduction[M]. Cambridge: Cambridge University Press, 2014.

[53] Massa P, Avesani P. Trust-aware collaborative filtering for recommender systems[C]. On the Move to Meaningful Internet Systems 2004, 2004: 492-508.

[54] Jamali M, Ester M. Trustwalker: A random walk model for combining trust-based and item-based recommendation[C]. Proceedings of the 15th ACM SIGKDD International Conference on Knowledge Discovery and Data Mining, 2009: 397-406.

[55] Ma H, Yang H, Lyu M R, et al. Sorec: Social recommendation using probabilistic matrix factorization[C]. Proceedings of the 17th ACM Conference on Information and Knowledge Management, 2008: 931-940.

[56] Jamali M, Ester M. A matrix factorization technique with trust propagation for recommendation in social networks[C]. Proceedings of the Fourth ACM Conference on Recommender Systems, 2010: 135-142.

[57] 伍之昂, 王有权, 曹杰. 推荐系统托攻击模型与检测技术[J]. 科学通报, 2014(7): 551-560.

[58] Zhang F, Zhou Q. HHT-SVM: An online method for detecting profile injection attacks in collaborative recommender systems[J]. Knowledge-Based Systems, 2014, 65: 96-105.

[59] 李文涛, 高旻, 李华, 等. 一种基于流行度分类特征的托攻击检测算法[J]. 自动化学报, 2015, 41(9): 1563-1576.

[60] Bhebe W, Kogeda O P. Shilling attack detection in collaborative recommender systems using a meta learning strategy[C]. 2015 International Conference on Emerging Trends in Networks and Computer Communications (ETNCC), 2015: 56-61.

[61] 伍之昂, 庄毅, 王有权, 等. 基于特征选择的推荐系统托攻击检测算法[J]. 电子学报, 2012, 40(8): 1687-1693.

[62] 李聪, 骆志刚. 基于数据非随机缺失机制的推荐系统托攻击探测[J]. 自动化学报, 2013, 39(10): 1681-1690.

[63] Zhang Z, Kulkarni S R. Detection of shilling attacks in recommender systems via spectral clustering[C]. 2014 17th International Conference on Information Fusion (FUSION), 2014: 1-8.

[64] Kayes I, Iamnitchi A. A Survey on privacy and security in online social networks[J]. ArXiv preprint arXiv:1504.03342, 2015.

[65] Hwang T, Pearce I, Nanis M. Socialbots: Voices from the fronts[J]. Interactions, 2012, 19(2): 38-45.

[66] Felt A, Evans D. Privacy protection for social networking APIs[J]. 2008 Web 2.0 Security and Privacy (W2SP'08), 2008: 1-8.

[67] Fiesler C, Bruckman A. Copyright terms in online creative communities[C]. CHI'14 Extended Abstracts on Human Factors in Computing Systems, 2014: 2551-2556.

[68] 丁旋. 社交网络分析中的隐私保护问题:去匿名化与无缝隐私[D]. 北京: 清华大学, 2014.

[69] Bonneau J, Anderson J, Danezis G. Prying data out of a social network[C]. International Conference on Advances in Social Network Analysis and Mining, 2009: 249-254.

[70] Mirkovic J, Dietrich S, Dittrich D, et al. Internet Denial of Service: Attack and Defense Mechanisms (Radia Perlman Computer Networking and Security) [M]. Indianapolis: Prentice Hall PTR, 2004.

[71] Facebook Security. Facebook's Continued Fight Against Koobface[EB/OL]. http://on.fb. me/y5ibe1.[2015-12-10]

[72] Douceur J R. The sybil attack[C]. Peer-to-peer Systems, 2002: 251-260.

[73] Heymann P, Koutrika G, Garcia-Molina H. Fighting spam on social web sites: A survey of approaches and future challenges[J]. IEEE Internet Computing, 2007, 11(6): 36-45.

[74] 张玉清, 吕少卿, 范丹. 在线社交网络中异常帐号检测方法研究[J]. 计算机学报, 2015, 38(10): 2011-2027.

[75] Song J, Lee S, Kim J. Spam filtering in twitter using sender-receiver relationship[C]. Recent Advances in Intrusion Detection, 2011: 301-317.

[76] Hu X, Tang J, Liu H. Online social spammer detection[C]. AAAI, 2014: 59-65.

[77] Fu H, Xie X, Rui Y. Leveraging careful microblog users for spammer detection[C]. Proceedings of the 24th International Conference on World Wide Web Companion, 2015: 419-429.

[78] Tan E, Guo L, Chen S, et al. Unik: Unsupervised social network spam detection[C]. Proceedings of the 22nd ACM International Conference on Conference on Information & Knowledge Management, 2013: 479-488.

[79] Pise N N, Kulkarni P. A survey of semi-supervised learning methods[C]. International Conference on Computational Intelligence and Security, 2008, 2: 30-34.

[80] 刘建伟, 刘媛, 罗雄麟. 半监督学习方法[J]. 计算机学报, 2015, (8): 1592-1617.

[81] Zhu X, Goldberg A B. Introduction to semi-supervised learning[J]. Synthesis Lectures on Artificial Intelligence and Machine Learning, 2009, 3(1): 1-130.

[82] 梁吉业, 高嘉伟, 常瑜. 半监督学习研究进展[J]. 山西大学学报:自然科学版, 2009, 32(4): 528-534.

[83] Rosenberg C, Hebert M, Schneiderman H. Semi-supervised self-training of object detection models[C]. Proceedings of the 7th IEEE Workshops on Application of Computer Vision, 2005: 29-36.

[84] Chapelle O, Zien A. Semi-supervised classification by low density separation[C]. AISTATS, 2005: 57-64.

[85] Vapnik V, Sterin A. On structural risk minimization or overall risk in a problem of pattern recognition[J]. Automation and Remote Control, 1977, 10(3): 1495-1503.

[86] Grandvalet Y, Bengio Y. Semi-supervised learning by entropy minimization[C]. Advances in Neural Information Processing Systems, 2004: 529-536.

[87] Blum A, Chawla S. Learning from labeled and unlabeled data using graph mincuts[C]. Proceedings of the Eighteenth International Conference on Machine Learning, 2001: 19-26.

[88] Zhu X, Ghahramani Z, Lafferty J. Semi-supervised learning using gaussian fields and harmonic functions[C]. ICML, 2003, 3: 912-919.

[89] Blum A, Mitchell T. Combining labeled and unlabeled data with co-training[C]. Proceedings of the Eleventh Annual Conference on Computational Learning Theory, 1998: 92-100.

[90] Dasgupta S, Littman M L, McAllester D. PAC generalization bounds for co-training[J]. Advances in Neural Information Processing Systems, 2002, 1: 375-382.

[91] Zhou Z H, Zhan D C, Yang Q. Semi-supervised learning with very few labeled training examples[C]. Proceedings of the National Conference on Artificial Intelligence, 2007, 22(1): 675.

[92] 周涛, 韩筱璞, 闫小勇,等. 人类行为时空特性的统计力学[J]. 电子科技大学学报, 2013 (4): 481-540.

[93] Zipf G K. Selected Studies of the Principle of Relative Frequency in Language[M]. Oxford Englang: Harvard University Press, 1932.

[94] Lü L, Zhang Z K, Zhou T. Zipf's law leads to Heaps' law: Analyzing their relation in finite-size systems[J]. PloS One, 2010, 5(12): e14139.

[95] Grouplens. Movielens[EB/OL]. http://grouplens.org/datasets/movielens[2014-10-20].

[96] Wu Z, Cao J, Mao B, et al. Semi-SAD: Applying semi-supervised learning to shilling attack detection[C]. Proceedings of the 5th ACM Conference on Recommender Systems, 2011: 289-292.

[97] Xu C, Zhang J, Chang K, et al. Uncovering collusive spammers in Chinese review websites[C]. Proceedings of the 22nd ACM International Conference on Information & Knowledge Management, 2013: 979-988.

[98] 程晓涛, 刘彩霞, 刘树新. 基于关系图特征的微博水军发现方法[J]. 自动化学报, 2014, 41(9): 1533-1541.

[99] Benevenuto F, Magno G, Rodrigues T, et al. Detecting spammers on twitter[C]. Collaboration, Electronic Messaging, Anti-Abuse and Spam Conference (CEAS), 2010, 6: 12.

[100] He X, Cai D, Niyogi P. Laplacian score for feature selection[C]. Advances in Neural Information Processing Systems, 2005: 507-514.

[101] Li M, Zhou Z H. Improve computer-aided diagnosis with machine learning techniques using undiagnosed samples[J]. IEEE Transactions on Systems, Man and Cybernetics, Part A: Systems and Humans, 2007, 37(6): 1088-1098.

[102] Guyon I, Elisseeff A. An introduction to variable and feature selection[J]. The Journal of Machine Learning Research, 2003, 3: 1157-1182.